TOCADA POR EL CIELO

Una historia de pruebas, amor y fe

GABBY CORNELIO

Todos los derechos reservados. Ninguna parte de este libro puede ser reproducida en ninguna forma, ya sea por medios electrónicos o mecánicos, incluyendo sistemas de almacenamiento y recuperación de información, sin permiso por escrito del editor, excepto en el caso de reseñadores que puedan citar breves pasajes en una reseña.

Portada del libro por Gabby Cornelio
Ilustraciones por Gabby Cornelio
Primera edición impresa 2025

Gabby Cornelio
@gabbycornelio
(Todas las redes sociales)
www.gabbycornelio.com

Este material no es creado, proporcionado, aprobado ni respaldado por Intelectual Reserve, Inc. ni por La Iglesia de Jesucristo de los Santos de los Últimos Días. Cualquier contenido u opinión expresada, implícita o incluida en o junto con el material es únicamente responsabilidad del propietario y no de Intelectual Reserve, Inc. ni de La Iglesia de Jesucristo de los Santos de los Últimos Días.

TOCADA POR EL CIELO

Una historia de pruebas, amor y fe

GABBY CORNELIO

AGRADECIMIENTOS

Quiero agradecer a mi esposo, Jorge. Él ha sido un sostén fuerte y constante. Gracias a su arduo trabajo, he podido tener el tiempo necesario para cuidar de nuestros tres hijos. Jorge me ha inspirado a perseguir mis sueños. Siempre me empuja y motiva cuando me siento desanimada. Le agradezco por ser mi compañero y confidente, ya que hace que nuestra aventura sea hermosa y divertida.

A mis hijos, Abby, Mahonri y Moroni, porque a través de la maternidad he podido ser una mejor versión de mí misma. A mi suegra, mamá Carmen, quien en estos últimos meses ha sido de gran ayuda, permitiéndome dedicar tiempo a escribir este libro.

También quiero agradecer a las dos mujeres más valientes que conozco: mi mamá Vivi y mi abuelita Carmita. Su ejemplo ha sido una gran inspiración en mi vida.

CONTENIDO

Introduction 7

Una oracion desde el corazon 15

Fe para aceptar no ser sanado 29

Revelacion personal 51

El Tiempo de Dios 75

El esfuerzo como parte del plan de Dios 89

Ministración de Ángeles 101

Los Dones de Dios 115

Gratitud 129

Macronutrientes esenciales para el alma 147

Un Canto del Corazón.. 148

El Servicio.. 158

Estudiar la palabra de Dios diariamente............ 166

El Ejercicio.. 174

Compartan lo que guardan en su corazón............ 185

Palabras Finales... 193

Biografia... 210

INTRODUCCIÓN

Hola, mi nombre es Gabby Cornelio, y estoy emocionada de poder compartir contigo mi historia de vida. Para comenzar, nací en una familia que vivía bajo principios religiosos. Mi mamá y mi abuelita me enseñaron a amar a Dios y a Jesucristo, y a ponerlos en primer lugar en mi vida, orando cada día por guía y protección. Para mí, fue muy fácil amarlos porque disfrutaba leer las Escrituras, asistir a la iglesia donde me nutría espiritualmente y servir a los demás.

Debido a que fui tan feliz en mi niñez y juventud siguiendo las enseñanzas de Jesucristo, deseaba compartir esa felicidad con otros. A los 21 años, decidí servir una misión religiosa de año y medio, lo que implicaba dejar a mis padres, hermanos, amigos y mi ciudad natal. Durante ese tiempo, me dediqué a predicar el Evangelio de Jesucristo. Ese año y medio fue una etapa de gran crecimiento espiritual, en la que desarrollé habilidades y virtudes que no tenía, aprendí a entender mejor las Escrituras y fortalecí mi testimonio personal de Dios, de Jesucristo y del Espíritu Santo.

Siempre atesoraré ese tiempo, ya que conocí a muchas personas de las cuales aprendí grandes lecciones, y tuve compañeras de misión a quienes aprendí a amar y aceptar tal como eran. Gracias a ese servicio que le di a Dios, he recibido bendiciones incontables hasta el día de hoy. Todo lo que viví durante ese tiempo me ayudó a tomar buenas decisiones en mi vida. Entre esas decisiones, una de las más importantes fue elegir a mi esposo, Jorge González. Nuestro Padre Celestial nos dio la bendición más grande: ser padres de tres hijos hermosos a quienes amamos con toda nuestra alma. Ellos son Abby, Mahonri y Moroni.

Nuestra vida ha sido una verdadera aventura, como una montaña rusa. Nos subimos a este viaje con la expectativa de experimentar diversión, gozo y alegría. En mi juventud, no sabía que las subidas serían tan emocionantes y gratificantes, y mucho menos pensé que las bajadas serían tan dolorosas y oscuras. Sin embargo, en esta aventura, juntos hemos creado un pedacito de cielo aquí en la tierra.

He aprendido, por experiencia propia, que las subidas y bajadas son esenciales para nuestro desarrollo personal y familiar. Cada vuelta, cada parada, cada subida y cada bajada son necesarias para disfrutar de un buen paseo por esta vida.

Una bajada en nuestra montaña rusa comenzó cuando no podía embarazarme. Desde que nos casamos, Jorge y yo anhelábamos tener hijos de inmediato, pero eso no sucedió. A pesar de todos nuestros esfuerzos, ese sueño tan esperado no llegaba. Me alegraba sinceramente cuando las mujeres de mi familia, amigas y conocidas me daban la noticia de que estaban embarazadas. Sin embargo, al mismo tiempo, mi corazón se rompía al no poder yo misma llevar un bebé en mi vientre.

INTRODUCCIÓN

Dios, en Su misericordia, nos bendijo con Abby, quien llegó a nuestra vida después de algunos años. Y dos años después del nacimiento de Abby, recibimos a Mahonri. Qué felicidad tan grande sentimos al subir esa montaña. Mi amor y confianza en el Señor aumentaban cada día con estas bendiciones.

Pero pronto vino una brusca vuelta en nuestro camino. Deseábamos tener muchos hijos, así que continuábamos orando y ayunando al Señor para que nos concediera más bebés. Sin esperarlo, un día ¡estaba embarazada nuevamente! Sin embargo, la felicidad no duró mucho porque perdí ese embarazo en 2017 y luego otro en 2018.

La pérdida en 2018 fue una experiencia especialmente dolorosa. Tenía aproximadamente tres meses de embarazo cuando comencé a sentir fuertes dolores en el vientre que me llevaron al hospital. Fue allí donde me enteré de que estaba teniendo un aborto espontáneo. Sufría un dolor constante y muy intenso.

Una enfermera se acercó para administrarme morfina. No sabían que yo era alérgica a la morfina, y en cuestión de segundos, mi cuerpo reaccionó de forma violenta. Mi garganta se cerró, mi cuerpo comenzó a temblar incontrolablemente, no podía respirar ni moverme, y sentí cómo perdía el control de mi cuerpo y mi conciencia. En un instante, todo se volvió oscuro.

En ese momento, al borde de la muerte, escuché una voz que me decía: **"Abre los ojos, abre los ojos."** Quería obedecer, pero no podía; no tenía fuerzas. Sentía que estaba regresando a mi hogar celestial. Sin embargo, hice un esfuerzo inmenso por seguir esa voz. Logré abrir los ojos y vi a los doctores y enfermeras corriendo a mi alrededor, tratando de estabilizarme. Sabía que estaba en un momento crítico y que, si quería vivir, debía recurrir a Dios.

En mi mente, comencé a suplicarle al Padre: **"Estoy muy agradecida por los dos hijos que me has dado. Ellos me necesitan.** Si me dejas vivir, prometo que jamás volveré a pedirte más hijos. **A partir de ahora, estaré agradecida por los dos que ya me has dado, los amaré y seré la mejor madre para ellos."**

Mi cuerpo tardó varias horas en estabilizarse y en dejar de temblar, pero sobreviví a esa reacción alérgica a la morfina.

Cumplí mi promesa al Señor. Dejé de pedir más hijos y me dediqué por completo a Abby y Mahonri. Al aceptar que ya no tendría más hijos, mi vida se llenó de paz. Vivía plenamente y con gratitud por la pequeña familia que ya tenía.

Teníamos nuevos planes, y nuestra vida marchaba muy bien. Pero cuál sería mi sorpresa que Dios tenía otros planes para nuestra familia. Sin pedirlo, Dios nos envió a un ángel. Aunque pueda sonar extraño, yo no pedí a Moroni en oración como a mis otros hijos. Esto no quiere decir que no lo anhelara; simplemente no lo pedí porque había hecho una promesa a Dios de no pedir más hijos, y había cumplido mi promesa hasta ese momento. Sin embargo, en mi corazón, Moroni fue tan deseado como mis otros hijos, y Dios conocía los sentimientos de mi alma, el anhelo de tener otro hijo y me lo concedió.

Lo descubrí de una manera inesperada. Estábamos cenando uno de mis platillos favoritos que incluía brócoli, y de repente corrí al baño porque sentí nauseas. Mi cuñada aseguró que estaba embarazada, pero para mí era un chiste. Aseguré que no lo estaba, pero ella no dudó y, de inmediato, corrió a comprar una prueba de embarazo. Para mi sorpresa, salió positiva.

INTRODUCCIÓN

Este embarazo fue diferente, ya que casi todo el tiempo tuve mucho dolor en el vientre. Cada vez que iba a mis chequeos, lo único que me decían los doctores era que tomara agua y medicina para el dolor. Fue muy difícil. Estaba muy triste porque sentía que algo estaba mal, pero mi propio doctor me ignoraba.

Una tarde cuando tenía 33 semanas de embarazo, sentí que debía ir a emergencias porque me sentía muy mal y tenía mucho dolor y contracciones. El doctor en turno se comunicó con mi ginecólogo y ambos acordaron que no era nada grave y que debía regresar a casa. Llegué a mi casa desanimada, pero con la certeza de que algo estaba ocurriendo conmigo o con mi bebé.

Dos semanas después, Moroni nació.

Desde su llegada, nuestra vida cambió drásticamente, ya que, desde muy pequeño, tuvo que someterse a muchas cirugías y enfrentar un gran sufrimiento físico. En medio de esos desafíos y momentos tan difíciles, aprendí algo que nunca hubiera descubierto si no hubiéramos pasado por lo que vivimos con nuestro hijo Moroni.

Escogí el título de mi libro porque, en la oscuridad total que sentimos, fui abrazada por brazos celestiales, tocada por manos tiernas. Sentí la presencia de Dios, de mi Redentor Jesucristo, del Espíritu Santo y de ángeles que me ministraron.

A través de todos los desafíos que hemos pasado, he desarrollado una cercanía con mi Padre Celestial. Esta unión única con Él se forjó como fuego refinador a través de cada experiencia vivida. He deseado escribir mi historia para compartir algunas experiencias físicas y espirituales que vivimos, los sentimientos que

11

surgieron y las lecciones de vida aprendidas. Sé que no soy la única persona en el mundo que ha pasado por momentos difíciles.

Todos, en algún momento de nuestra vida, enfrentaremos diferentes tipos de problemas, de desafíos, de aflicciones, y de pruebas porque estamos en esta tierra con un propósito. Este libro te ayudará a encontrar el tuyo. Pero no todo en la vida es sufrimiento. Nuestro Padre Celestial desea que tengamos gozo, alegría, paz y, sobre todo, que aprendamos a vivir por medio de la fe. Y aunque la vida a veces pueda parecer abrumadora, puedo testificar que, con la mano guiadora de Dios, todo es mucho más fácil, todos podemos tener acceso a la luz de Cristo, una luz que brilla en medio de la oscuridad.

Este libro está destinado a ayudarte a conocer y acercarte a los seres más especiales que existen, aquellos que pueden levantarte y sostenerte: Dios, mi Padre Celestial, a quien amo inmensamente, y su Hijo Jesucristo, mi Salvador, mi luz, mi guía, mi esperanza.

Hace un tiempo, escuché en una conferencia a un líder de la Iglesia a la que asisto, La Iglesia de Jesucristo de los Santos de los Últimos Días. En ella, el Elder Dieter F. Uchtdorf mencionó que "compartiéramos lo que guardamos en el corazón." He meditado continuamente en esas palabras y me di cuenta de que, en mi corazón, había tantas cosas que quería compartir con el mundo.

Esa reflexión me motivó a escribir este libro. Mi intención es llegar a tu corazón y llenarlo de amor, esperanza y fe.

INTRODUCCIÓN

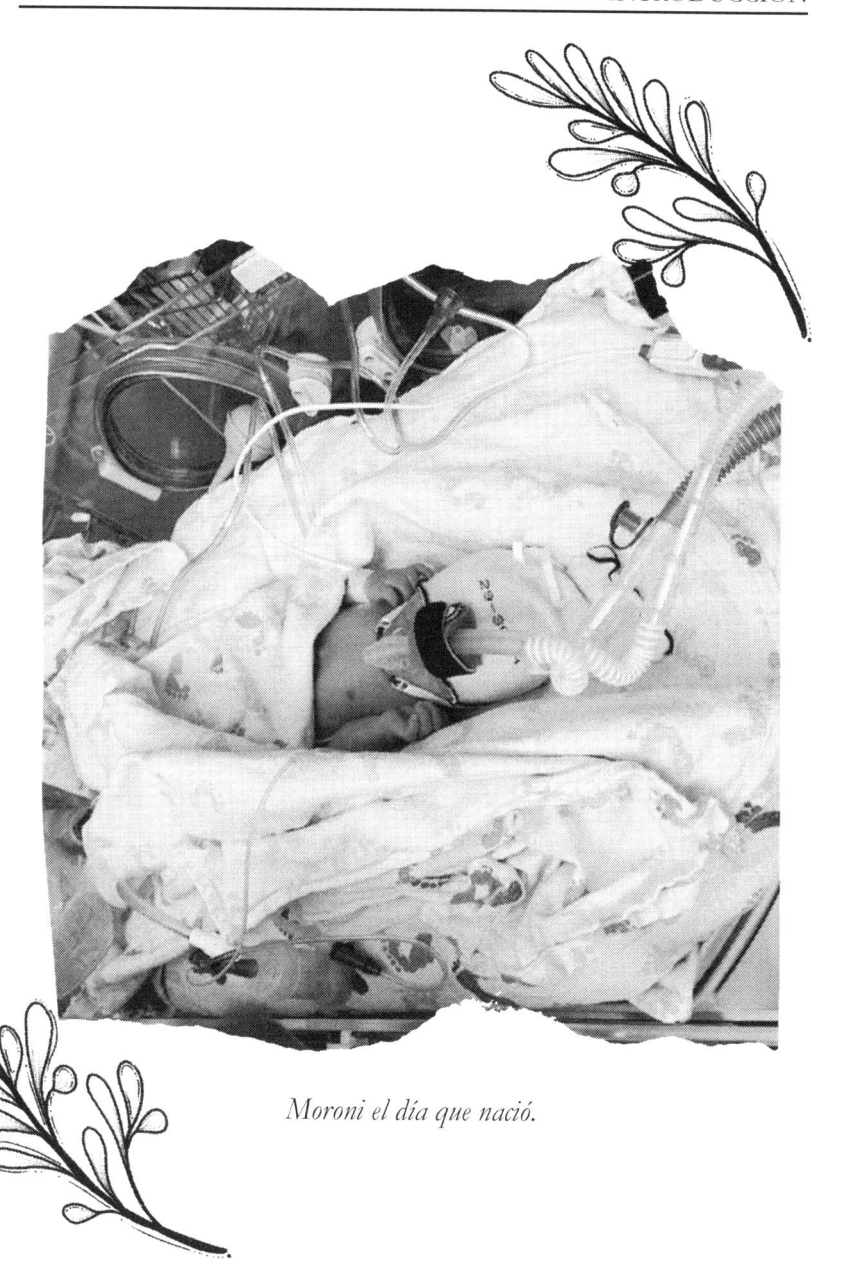

Moroni el día que nació.

Capítulo 1

UNA ORACIÓN DESDE EL CORAZÓN

"Entonces me invocaréis, y vendréis y oraréis a mí, y yo os oiré; y me buscaréis y me hallaréis, porque me buscaréis de todo vuestro corazón."

- Jeremías 29:12-13

Tenía 33 semanas de embarazo. Asistí a mi consultorio sin cita, ya que me sentía mal. En la clínica no me quisieron atender y me pidieron que fuera a emergencias, así que lo hice.

Pero el doctor en turno nuevamente afirmó que todo estaba bien, sin hacerme un ultrasonido. Solo me vio y me dijo que era normal sentir dolor.

Llegué a casa y me fui directo a la cama; me sentía muy afligida, con la certeza de que algo no estaba bien. Entonces, se me vino a la mente que tenía el número personal de un ginecólogo que conocía desde años atrás. Decidí llamarlo y, al hablar con él, me informó que no debía sentirme así. Me dijo que él podía hacerme una revisión y un ultrasonido esa misma tarde.

Él fue muy amable, ya que hizo tiempo para mí sin realmente conocerme. Al llegar, me hizo un ultrasonido de inmediato. Mientras lo realizaba, el médico estaba muy serio y no dijo ni una sola palabra. Al terminar, solo mencionó que en una semana debía acudir a un especialista en otro hospital.

La cita coincidía con el día de nuestro aniversario. Cumplíamos nueve años de casados y estábamos muy felices porque podríamos confirmar que todo estaba muy bien.

Me realizaron unos ultrasonidos muy detallados, donde pudimos ver el corazón, el estómago y muchas otras partes del cuerpo de nuestro bebé. En la pantalla se mostraban imágenes en rojo y azul. El doctor también permanecía en silencio, y yo no sabía si algo estaba bien o mal.

Al terminar, el doctor nos informó que yo sufría de polihidramnios, una acumulación excesiva de líquido amniótico que ocurre en el 1 % o 2 % de los embarazos. La causa de esta condición se debía a problemas genéticos del bebé.

Me explicó que Moroni tenía un problema en el corazón y que, posiblemente, tenía síndrome de Down. Aunque nos recordó que al inicio del embarazo se habían realizado estudios cuyos resultados habían sido negativos para esta condición, no comprendía cómo esos resultados podían ser incorrectos.

Además, mencionó que Moroni no tenía sus intestinos conectados y que tenía atresia duodenal, por lo que, al nacer, necesitaría una cirugía para corregirlo. También me advirtió que, si en algún momento debía recurrir a emergencias, no podía ir a ningún otro hospital que no fuera donde estábamos en ese momento, ya que mi caso era tan delicado que solo dos hospitales en la ciudad de Dallas y sus alrededores tenían el equipo adecuado para recibir a Moroni.

Fue un día devastador para nosotros como pareja. No teníamos idea de lo que nos deparaba el futuro. Yo me sentía muy mal, con dificultad para caminar, y también temía que mi bebé pudiera morir.

Era un momento de profunda tristeza, pero no tuve tiempo de asimilar la noticia, porque Moroni nació a la semana siguiente debido a las contracciones constantes y al riesgo de que mi útero se rompiera. Había tenido una cirugía previa para remover un tumor en el útero, además de las cesáreas de mis dos hijos anteriores.

Le supliqué al doctor que me dejara esperar una semana más, que podía soportar el dolor, ya que Moroni aún era muy pequeño. Pensaba que, si aguantaba un poco más, él podría crecer. Pero el doctor se negó, asegurando que la vida de ambos estaba en peligro.

El día que nació Moroni estuvo lleno de miedo. Justo al nacer, se lo llevaron de emergencia porque tenía problemas para respirar y complicaciones en el corazón, por lo que no pude conocerlo ese día, sino hasta el siguiente.

Moroni era muy pequeño, pesaba apenas 4 libras, y tuvo su primera cirugía a los dos días de nacido, en la que conectaron sus intestinos. Durante su recuperación, pasó dos semanas con un tubo en la boca y la nariz, y lo alimentaban por vía intravenosa. Orábamos y rogábamos para que pudiera hacer popó, ya que esto sería el indicador de que su intestino había sanado.

Esto me hizo reflexionar sobre la gratitud hacia las funciones básicas del cuerpo, algo que muchas veces damos por sentado. El rostro de Moroni era diferente; no se parecía en nada a mis otros hijos. Tenía los ojos saltones, los pliegues de los párpados muy anchos, y su lengua permanecía fuera la mayor parte del tiempo. Al principio, creí que era porque le molestaba el tubo que tenía en la boca.

Constantemente le preguntaba al doctor por qué él era así. Le hicieron pruebas genéticas para detectar si tenía síndrome de Down, pero los resultados fueron negativos. Y la respuesta de los doctores era que Moroni estaba hinchado y que debía darle tiempo.

Dios contestó nuestras oraciones, y Moroni pudo comer y hacer popó. Fue un momento de gran alegría porque eso significaba que estaba progresando. También nos informaron que su corazón estaba bien. Finalmente, Moroni salió del hospital. Fue uno de nuestros primeros momentos de alegría, poder llevar a nuestro bebé a casa para que sus hermanitos lo conocieran. Debido a la pandemia de COVID-19, ellos no pudieron ir al hospital a conocerlo. A pesar de las dificultades, esos momentos de gozo cuando él llegó a casa y sus hermanos pudieron conocerlo fueron invaluables.

Los primeros meses de la vida de Moroni fueron realmente complicados. Cada vez que intentaba alimentarse, me enfrentaba a situaciones que no entendía. Moroni tenía dificultades para agarrar la mamila y, al succionar, algo ocurría que lo hacía sentirse atorado, provocándole una sensación de ahogo. Cuando esto sucedía, comenzaba a gritar, moverse y patalear de una manera tan descontrolada que sus llantos eran desgarradores. Él estaba sufriendo mucho, y pasábamos mucho tiempo tratando de calmarlo. A veces, esos episodios de llanto duraban de dos a cuatro horas. Sabía que los recién nacidos requieren mucha atención, pero Moroni era diferente a mis otros hijos.

No entendía por qué lloraba tanto. Probamos diferentes fórmulas especializadas y tipos de mamilas, pero su lengua, que siempre estaba de fuera y era bastante grande, parecía interferir con el proceso de succión, moviéndola de manera extraña. Cuando comenzaba a llorar de esa manera inconsolable, me sentaba en una mecedora y lo mecía, le dábamos baños, lo masajeábamos, pero nada lo calmaba.

Un día, después de mucho llanto, decidí ponerlo en su carriola, y por primera vez, se quedó quieto. Ahí descubrimos que la carriola era lo único que le proporcionaba alivio. Pasábamos horas caminando por la casa con él en ella, mientras yo trataba de atender las necesidades de mis otros hijos, quienes también me pedían atención. En medio de todo eso, me sentía agotada y frustrada, porque no podía hallar calma ni ánimo mientras Moroni lloraba sin consuelo.

Grababa muchas partes de los episodios, incluso cuando él gritaba mientras intentaba darle la mamila. Lo hacía para poder explicarle a los médicos y especialistas lo que ocurría, ya que no había palabras suficientes para describir lo que vivíamos con mi hijo. Estos videos me ayudaban a mostrarles lo que él estaba experimentando, ya que algo claramente no estaba funcionando, pero no lograban encontrar la causa.

Cada semana iba a emergencias, mostrándoles esos videos, y aunque los médicos veían que había algo extraño y pensaban que podría estar experimentando mucho dolor, todo parecía normal en los resultados: no había infecciones ni ningún otro problema evidente. Esto me dejaba desconsolada y desanimada, porque nadie sabía cómo ayudar a mi hijo, y regresaba a casa con el mismo problema, sin saber qué hacer.

Quiero contarles este relato porque fue una de las manifestaciones de poder más grandes que he recibido. Todavía me apena decirlo, pero es la realidad: llegué a sentir que no quería tener a Moroni cerca de mí. No podía soportar sus llantos.

Antes de embarazarme de Moroni, compartía muchos videos en mis redes sociales; tenía una gran comunidad de seguidores que deseaban saber cómo estábamos mi bebé y yo.

Un día subí un video de Moroni. En ese momento, mi bebé estaba en uno de sus episodios de llanto. Ese video llegó a tener 11 millones de vistas y 16 mil comentarios. Me asombró ver cómo muchas personas pensaban lo mismo que yo: Moroni padecía mucho dolor por alguna razón desconocida.

La situación de Moroni no mejoraba, y yo quería dejar de sentirme así. Me sentía sola, aunque quizá no lo estaba, pero emocionalmente así me sentía.

Un día decidí rendirme y acudir a la única persona que podía ayudarme a liberarme de esos sentimientos tan negativos, de frustración, de impaciencia, de dolor. Y recuerdo que me arrodillé y comencé a implorarle, a entregarme a Dios. Le expresé mis sentimientos más íntimos y mis debilidades. Le pedí que por favor me diera más amor, más paciencia, más empatía, que llenara mi corazón de caridad hacia Moroni, que me diera el poder de soportar sus gritos y sus episodios sin alterarme, y que me ayudara a encontrar la forma de aliviar su dolor.

Recuerdo que oré así durante varios días, y de pronto, algo ocurrió. Su llanto no se detuvo —eso continuó por años—, pero ya no sentía la desesperación de antes. Siempre había sido una persona muy impaciente, pero sé que algo cambió en mí. Cuando Moroni lloraba, me sentía en paz; experimentaba una calma profunda y un amor inmenso hacia él. Esa conexión me permitió enfocarme más en él que en mí. Dejé de pensar en cómo me sentía yo y comencé a preocuparme por cómo se sentía él.

Cuando tenía episodios de llanto varias veces al día, pensaba: **"¿Qué puedo hacer para que este bebé tan pequeño y frágil se sienta tranquilo y cómodo? ¿Qué puedo hacer para ayudarlo a dormir y descansar?"**. Fue entonces cuando empecé una intensa búsqueda en internet de objetos, remedios, masajes y más, para ayudarlo a sentirse a gusto. Leí que las colchas con peso ayudan a relajar los nervios al proporcionar una sensación de presión profunda, similar a un abrazo, lo cual puede reducir la ansiedad y mejorar el sueño. También probamos diferentes columpios eléctricos para ayudarlo a sentirse tranquilo, e incluso colgamos un columpio manual en el techo de nuestra recámara. Probé diferentes máquinas de sonido y vibración. Todavía me sorprendo de cuánto amor me permitió Dios sentir, pues pasaba muchas horas meciéndolo o paseándolo en su carriola, y nunca pensaba en mí.

Sé que yo no pude haberlo hecho sola; estoy segura de que, aunque no los vi, hubo ángeles sosteniéndome y dándome las fuerzas para resistir día tras día. Abrazaba a Moroni con tanta intensidad y amor que no había nada más importante para mí que tranquilizarlo estando yo llena de paz y de calma. Mi corazón se conectó con Dios, pude sentir su misericordia y transmitirla a mi bebe.

Ahí tuve un gran testimonio de que Dios nos concede amor, paciencia y caridad si se lo pedimos. Si clamamos con todo nuestro corazón, Él nos permitirá saber cómo manejar nuestras emociones. Le entregué mi corazón a Dios, y Él me dio un don puro, un don que no tenía, un don que día a día aprendí a desarrollar. Ese don me permitió sanar a mi hijo y ayudarlo a vivir una vida lo más tranquila posible. Yo no sabía que un bebé podía sufrir tanto, hasta que conocí a Moroni. Me siento privilegiada de ser parte del amor de Dios hacia sus hijos y de ser yo la protectora de un bebé tan especial.

Dios, en sus sagradas escrituras, nos invita a pedirle todas las cosas que necesitamos, incluso aquellas pequeñas que, a veces, podríamos pensar que son insignificantes. Pero si algo es valioso para nosotros, también lo es para Él. Una de mis escrituras favoritas del Nuevo Testamento es:

> Mateo 7:7-11
> *"Pedid, y se os dará; buscad, y hallaréis; llamad, y se os abrirá. Porque todo el que pide, recibe; y el que busca, halla; y al que llama, se le abrirá.*
> *¿Qué hombre hay de vosotros, que, si su hijo le pide pan, le dará una piedra?*
> *¿Y si le pide un pez, le dará una serpiente?*
> *Pues si vosotros, siendo malos, sabéis dar buenas dádivas a vuestros hijos, ¿cuánto más vuestro Padre que está en los cielos dará buenas cosas a los que le piden?"*

Es hermoso saber que nuestro Padre Celestial desea bendecirnos. Les hago una invitación a empezar cada día pidiéndole a Dios lo que necesiten. Si requieren más paciencia con sus hijos, un mejor trabajo, la salud de un ser querido, si necesitan esperanza, si se sienten perdidos, si necesitan ayuda en un examen, más valor, el deseo de ser padres, o perdonar, son incontables las razones por las cuales podemos orar.

Puedo testificar que Dios escucha nuestras oraciones. Y aunque muchas personas en el mundo creen que Dios no existe porque no les concede todo lo que piden, les puedo asegurar que Dios sí nos bendice conforme a lo que necesitamos. La mayoría de las veces responde de maneras inesperadas y en un tiempo muy distinto al nuestro, pero nos contesta.

La manera en que Dios contesta nuestras oraciones y nos bendice es mucho más elevada de lo que nosotros mismos creemos que necesitamos. Dejemos que Dios obre en nuestra vida como Él considere oportuno.

Sé que el mayor tesoro que puedo dejarles a mis hijos es el conocimiento de que Dios escucha y contesta nuestras oraciones. Esto fortalecerá su fe. La vida estará llena de montañas muy altas, muy agotadoras, de baches, huecos y piedras; pero si confían en Dios, lo lograrán. Por eso, en casa oramos todos los días, porque necesitamos de Dios y de su fortaleza para enfrentar los desafíos que cada día trae.

Sé por experiencia propia que la oración mantiene las ventanas de los cielos abiertas para nosotros y nuestras necesidades. Cuando eso sucede, seremos testigos de los grandes milagros que Dios hará en nuestras vidas. La oración es como un puente que nos une con nuestro Creador.

En nuestro hogar, oramos de esta manera:

Paso 1: Nos dirigimos a Dios como nuestro Padre Celestial. Cuando oramos, comenzamos llamando a Dios Padre Celestial. Quizá tú tienes una manera especial de referirte a Él, y eso está bien. Lo importante es que lo hacemos con el deseo de conversar con Él, como si estuviéramos marcando el teléfono para hablar con alguien importante. Así como preguntarías por la persona con quien quieres platicar al hacer una llamada, en la oración nos aseguramos de dirigirnos a Dios, quien siempre está dispuesto a escucharnos.

Paso 2: Le damos gracias por las bendiciones que recibimos. Dar gracias es una parte fundamental de la oración. Reconocer las bendiciones que Dios nos da nos ayuda a ser humildes y recordar que todo lo que somos y tenemos es gracias a Él. Agradecer nos conecta con Su amor y Su generosidad, y también llena nuestro corazón de gratitud. A Dios le agrada que seamos agradecidos.

Paso 3: Le pedimos las cosas que necesitamos, tanto para nosotros como para los demás. No hay nada demasiado pequeño o grande para nuestro Padre Celestial, porque Él nos ama y desea ayudarnos. La Biblia nos enseña: "Sino sean conocidas vuestras peticiones delante de Dios en toda oración" (Filipenses 4:6-7), recordándonos que Dios escucha nuestras súplicas. Al hacerlo con fe, confiamos en que Él responderá de la manera que sea mejor para nosotros, siempre según Su sabiduría y amor.

Paso 4: Terminamos nuestra oración en el nombre de Jesucristo. Concluimos nuestra oración diciendo: "En el nombre de Jesucristo, Amén." Esto es importante porque Jesucristo es el único mediador entre nosotros y el Padre Celestial. Él dio Su vida por nosotros, nos abrió el camino para acercarnos a Dios y es nuestro Salvador. Amén al final significa que estamos de acuerdo con todo lo que hemos dicho en la oración y que confiamos en que Dios escuchará y responderá.

La oración es una conversación íntima y especial con el Padre. Lo hacemos con reverencia, respeto y amor. Tratamos de no orar apresuradamente ni repetir lo mismo. Meditamos en nuestro corazón sobre lo que verdaderamente necesitamos y, sobre todo, atesoramos en el corazón las bendiciones recibidas.

En los siguientes capítulos, seguiré hablando de la oración, ya que ha estado presente en todas nuestras situaciones, y contaré cómo Dios ha contestado nuestras oraciones de formas que no esperábamos, y que, a veces, me costó mucho aceptar.

Preguntas para meditar:

1. ¿Cómo puedo mejorar mi comunicación diaria con Dios?

2. ¿Estoy tomando tiempo para agradecer antes de pedir?

3. ¿Qué obstáculos me impiden orar con más frecuencia o sinceridad?

4. ¿Cómo puedo invitar al Espíritu Santo a guiar mis oraciones?

Pasos para tomar acción:

1. Crea un horario de oración diario: Dedica un tiempo específico en la mañana, durante el día o en la noche para hablar con Dios. Incluso unos minutos al día pueden hacer una gran diferencia.

2. Ora en gratitud: Haz una lista de al menos tres cosas por las que estés agradecido antes de comenzar tu oración. Esto te ayudará a enfocarte en lo positivo.

3. Ora por otros: Piensa en una persona que necesite ayuda o consuelo y ora específicamente por ella.

4. Busca un lugar tranquilo: Encuentra un espacio especial donde puedas estar en calma y concentrarte en tu comunicación con Dios.

Capítulo 2

FE PARA ACEPTAR NO SER SANADO

"Es, pues, la fe la certeza de lo que se espera, la convicción de lo que no se ve."

- Hebreos 11:1

Seguramente han escuchado una frase que relaciona la oración con un paraguas. Cuando alguien ora por lluvia y lo hace con fe, tiene la certeza, la seguridad de que va a llover, y demuestra esa seguridad con acción llevando un paraguas, para que cuando llueva no se moje. Esta confianza en saber que Dios puede y hará milagros es hermosa.

En estos últimos años, he aprendido un nuevo aspecto de la fe. Existe una fe para aceptar no ser sanado.

Yo sé que Dios tiene el poder para lograr cualquier cosa y mover cualquier montaña, pero ¿qué pasaría si Él decide no hacerlo por mí? ¿Lo seguiré adorando? ¿Seguiré confiando en su sabiduría, su amor y su misericordia?

Si no se concede lo que le pido, ¿me alejaré de Él? ¿Lo culparé, despreciaré su consejo y me distanciaré porque no me dio lo que yo necesitaba? O, por el contrario, ¿lo aceptaré y me mantendré cerca de Él?

Este nuevo concepto de la fe lo aprendí con mucho dolor, gracias a las experiencias vividas. Esto me ha permitido seguir al Señor con una fe más firme y sólida.

Volvamos al ejemplo del paraguas. La persona que oró por lluvia tenía la convicción de que llovería. Estaba preparada, sacó su paraguas y esperó con esperanza. Pero la lluvia no llegó. ¿Creen que su fe fue en vano?

Aquí es donde entra un tipo de fe aún más profunda y transformadora: la fe para aceptar la voluntad de Dios. Esta fe no solo se basa en la confianza de que Dios tiene el poder para conceder lo que pedimos, sino también en la plena confianza de aceptar Su voluntad, con humildad y fortaleza, incluso cuando no coincide con nuestros propios deseos.

La persona con fe en acción, a pesar de que no vio la lluvia que anhelaba, no se rindió ni dejó de confiar. En cambio, decidió tomar las riendas de la situación y hacer lo que la lluvia no pudo hacer por ella. Sacó cubetas, las llenó de agua de su regadera y comenzó a regar las flores que esperaba que la lluvia alimentara. No permitió que la falta de lluvia apagara su esperanza ni su determinación. En lugar de enfocarse en lo que no sucedió, actuó con valentía y confianza, sabiendo que la voluntad de Dios siempre es perfecta, aunque no siempre la entendamos.

Este es el tipo de fe que nos transforma: la fe para seguir adelante, confiando en que, aunque nuestras peticiones no siempre sean respondidas de la manera que esperamos, Dios siempre está obrando a nuestro favor. Es la fe que nos impulsa a hacer nuestra parte, a ser instrumentos en Sus manos y a encontrar propósito en el proceso. Ese es el tema que quiero abordar en este capítulo: tener una **"fe para aceptar no ser sanado."** Hace algún tiempo escuché esta frase, y dejó una profunda huella en mi corazón y marcó mi forma de entender la fe.

Moroni enfrentó problema tras problema; era evidente que nada estaba bien. Muchas personas se acercaban a mí diciéndome que debía tener más fe. **"Si oras con más fe"**, **"si oras creyendo que Dios puede lograr todo,"** me decían. **"Creo que te falta fe."** Esas frases que me decían realmente me lastimaban porque parecían insinuar que mi falta de fe era la razón por la que mi hijo no se sanaba. Pero qué equivocadas estaban esas personas. Dios ha sanado a mi hijo en su propio tiempo. No le quitó sus enfermedades, y Moroni tuvo que soportar mucho dolor y muchas dificultades. Pero la fe para aceptar la voluntad de Dios, incluso cuando significa no sanar o enfrentar la posibilidad de la muerte, me dio una paz que no puedo describir. Esa fe me ayudó a encontrar calma y a confiar plenamente en Él.

Cuando Moroni tenía alrededor de dos meses, en una de esas visitas al hospital, le hicieron más exámenes y detectaron un soplo en su corazón. La doctora me dijo que no había razón para alarmarse, pero que en un mes debía regresar con el cardiólogo. Así que volví al cardiólogo cuando Moroni ya tenía tres meses. Le realizaron estudios y ultrasonidos detallados de su corazón para verificar su estado. Cuando el cardiólogo regresó a la habitación, me informó que las arterias del corazón de Moroni estaban extremadamente pequeñas y que él se estaba muriendo porque el corazón no bombeaba sangre adecuadamente. Me explicó que la única causa posible de este problema tan complejo era el síndrome de Williams.

En ese momento, el doctor salió de la habitación, y rápidamente busqué en Google "síndrome de Williams." Al ver las fotos de niños con el síndrome, sentí una extraña sensación de alivio: Moroni era igual a ellos. No había duda. Él tenía los mismos ojos prominentes, la misma nariz, la misma boca y expresión en su sonrisa. Como había mencionado el cardiólogo, una de las principales complicaciones de este síndrome son las cardiopatías congénitas. No todos los niños con síndrome de Williams tienen problemas cardíacos graves, pero Moroni sí los tenía. Ahora comprendía mejor por qué Moroni lloraba tanto: además de los problemas cardíacos, él es hipersensible a los sonidos (hiperacusia) y tiene problemas sensoriales que lo hacen tanto hiposensible como hipersensible en distintas áreas y tenía una serie de problemas gastrointestinales.

El cardiólogo me informó que Moroni no podría pasar más de tres meses sin una cirugía; de lo contrario, moriría.

Recuerdo que ese fue un día muy triste. No esperaba recibir esas noticias, y además había ido sola a la consulta con Moroni. Fue devastador. Al llegar a casa, lloramos mi esposo y yo. El dolor era tan profundo que pasé dos días sin poder levantarme de la cama. No podía enfrentar el miedo abrumador de perder a mi hijo.

Después de dos días, oré intensamente y, en ese proceso, encontré fuerzas para levantarme, ya que tenía otros niños que cuidar. Me había sentido completamente paralizada por el dolor.

Por fe andamos y no por vista.

2 Corintios 5:7

Finalmente, después de meditar y reflexionar, me arrodillé y oré a Dios. Le dije:

'Padre mío, te agradezco por estos cuatro meses que me has dado a Moroni. Gracias porque he podido cargarlo, besarlo y conocerlo. Él es mi hijo, y me lo has enviado como un regalo para mi familia. Ahora te lo entrego. Es tuyo. Tú me lo has prestado, y si decides llevártelo de vuelta contigo, lo acepto. Sé que tienes planes magníficos para él. Te lo dejo en tus manos, haz con él lo que desees.

Solo te pido que me des la fuerza para soportar este dolor y encontrar paz y tranquilidad. Dame la fortaleza para no quejarme y para superarlo. Él es tuyo, y confío en que tu voluntad se cumplirá, ya sea que viva o que muera. Eres un Dios perfecto, y a ti te entrego a mi hijo.'

Al terminar mi oración, sentí mucho alivio. Lo peor que podía pasar era perder a mi hijo, pero ya no tenía miedo porque confiaba en que mi hijo regresaría a los brazos de su Padre Celestial, en un lugar especial y libre de todo dolor, y Moroni ya había sufrido bastante. Un día estaríamos juntos nuevamente. Después de esa oración, dejé de preocuparme y decidí tener fe para aceptar la voluntad de Dios.

Pasaron unas semanas mientras esperaba la llamada para agendar la cirugía. El procedimiento requería de un equipo especializado que vendría de otro hospital, ya que Moroni corría un gran riesgo si se usaba una anestesia inadecuada debido a su síndrome. Era imprescindible contar con un equipo especializado en anestesiología cardiotorácica, ya que el procedimiento era altamente invasivo.

Después de varias semanas, finalmente recibí la llamada. Nos citaron en el hospital para explicarnos el proceso y los detalles de la cirugía de Moroni.

Ese día llego, y estábamos muy nerviosos pero la asistente del cirujano nos comenzó a hablar paso a paso de lo pasaría con Moroni. Nos dieron tanta información que solo recuerdo algunas cosas. Ella sonaba asombrada, y menciono que el hospital Children's Health en Dallas llevaba más de 10 años sin realizar una cirugía de corazón abierto tan extensiva como la que necesitaría Moroni, ya que repararían todas las arterias de su corazón. También nos explicaron que le harían una incisión vertical en el pecho, quebrarían su esternón, separarían las costillas y, una vez hechos los cortes, abrirían su pecho como un libro. Luego, extraerían toda su sangre para conectarla a unas máquinas y al corazón lo congelarían mientras reparaban las arterias. Estas las reconstruirían utilizando una malla, similar a las que se usan en los gallineros, pero mucho más chica y de otro material.

Después de terminar la cirugía, descongelarían el corazón, y entonces llegaría el momento crucial para Moroni: lograr que su corazón latiera nuevamente. Ese sería el verdadero milagro. Nos explicaron que, si su corazón no respondía, intentarían reanimarlo; y si aun así no lograban hacerlo latir, lo conectarían a una máquina llamada ECMO, que asumiría temporalmente la función del corazón.

No sé cómo expresar los sentimientos que nos invadieron en ese momento. Con tanta incertidumbre y fe, firmamos el

35

consentimiento, regresamos a casa y nos preparamos durante unas semanas para lo que estaba por venir.

Unos días antes de la cirugía a corazón abierto, pedimos a toda la familia que viniera a visitar a Moroni, y todos se tomaron fotos con él, ya que sabíamos que existía la posibilidad de que no sobreviviera. Fue un momento muy conmovedor, y la noche antes de la cirugía, mis tres hijos, mi esposo y yo dormimos en la misma cama, turnándonos para abrazar a Moroni. Quería que ese momento fuera eterno; me acercaba a su carita para sentir su respiración, tocaba cada parte de su cuerpo para sentir su piel, como si en ese instante quisiera llenarme de él, grabar en mi memoria su aroma y su esencia para nunca olvidarlos.

El día de la cirugía finalmente llegó. Cuando se llevaron a mi hijo del cuarto, sentí como si me desgarraban mi corazón al verlo partir, sabiendo que podría ser la última vez que lo vería con vida. Sin embargo, mi esposo y yo recordamos nuestra conversación con Dios, y Él nos dio fuerzas. A medida que pasaban las horas, comenzamos a sentir paz, ánimo y, sorprendentemente, alegría. No puedo describir el gozo y la serenidad que sentimos.

No había razón para llorar, pues sabíamos que todo estaba en sus manos. Y que morir es la puerta que nos permite llegar a la presencia de Dios, por lo que aceptábamos esta parte del plan de Dios. Durante todo ese tiempo, no dejamos de orar y entregar nuestro corazón a Dios.

Después de diez horas, mi teléfono sonó, mi corazón latía con mucha fuerza. Era una llamada de una enfermera que nos informó que el corazón de Moroni había latido nuevamente. Estaba muy emocionada, solo que tuvimos que esperar dos horas más para poder verlo después. Ya no había necesidad de preocuparnos, pues Dios había hecho su voluntad perfecta.

Ese día, los cielos se abrieron, los milagros se manifestaron, el cuerpo dañado fue reparado y un corazón dormido latió fuertemente. Brazos fueron levantados, los corazones se llenaron de esperanza, y las lágrimas se convirtieron en alegrías.

Se vencieron los diagnósticos negativos, ángeles se manifestaron y el poder de Dios fue visible a cada minuto y hora.

Ese día, mi hijo Moroni fue elevado, fortalecido y sanado. Dios hizo milagros y nos mostró que Moroni tenía un propósito en esta tierra, no solo para fortalecer a su familia, sino para mostrar al mundo que Dios vive, que nos ama, que nos escucha y nos socorre.

Cuando entramos al cuarto donde reposaba el cuerpo de Moroni, fue impactante ver su pequeño cuerpo tan lastimado. Había tubos llenos de sangre que salían de su estómago y de otras

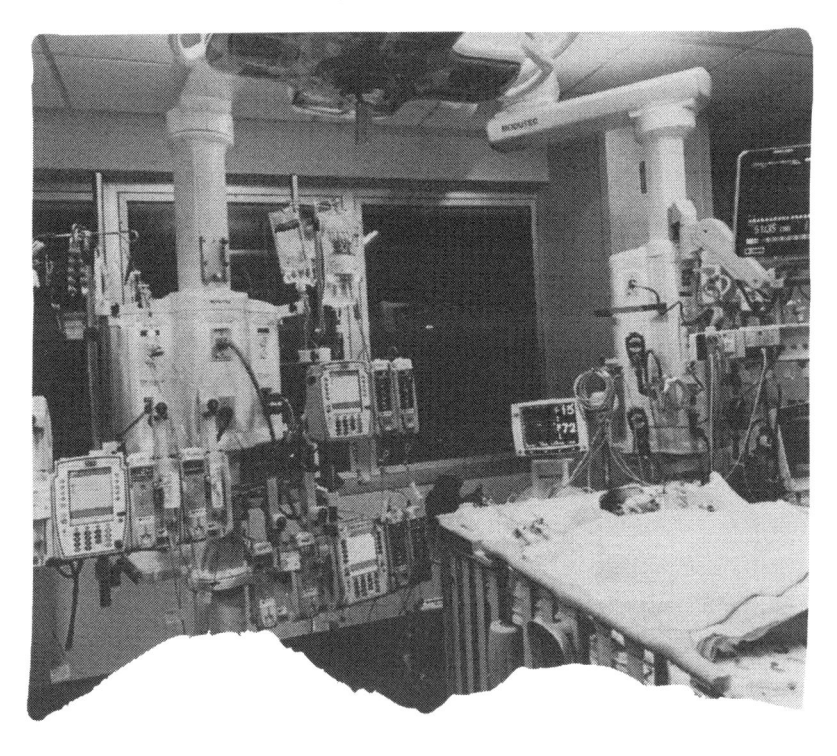

partes de su cuerpo. Estaba conectado a cables desde sus pies hasta su cabeza, con intravenosas en cada uno de sus brazos, en su cuello, pie y pierna, tubos en su estómago, su nariz y su boca. Fue una escena aterradora. El cuarto estaba lleno de máquinas que no dejaban de sonar, cada una desempeñando un papel crucial para mantener con vida a mi hijo.

Ninguna madre debería ver a su hijo en el estado en que yo vi al mío. Fue angustiante, como si estuviera muerto. Y así permaneció durante varios días. Fueron días oscuros, días que nunca esperé vivir.

Sé que Dios tenía el poder para sanar a mi hijo en un instante. Con tan solo pronunciar una palabra, Él pudo haber restaurado su cuerpo por completo. Pero eligió otro camino. Decidió actuar a través de los especialistas, de las manos de los cirujanos y de la tecnología médica. Todo este conjunto, guiado por Su amor y Su sabiduría, se convirtió en un gran milagro. Fue una muestra de cómo Dios obra en nuestras vidas, utilizando a las personas y los recursos adecuados para cumplir Sus propósitos.

Dios no le quitó el dolor a mi hijo; su cuerpo estaba cortado, lastimado, y lleno de marcas por las múltiples intervenciones. Moroni estuvo tres semanas en terapia intensiva, aunque inicialmente nos habían dicho que solo sería cuestión de días. Su recuperación fue muy lenta y estuvo llena de momentos extremadamente difíciles: como las veces en que lo intentaron desentubar, pero sus pulmones no lograban respirar el oxígeno de manera adecuada.

En esos intentos, sufrió ataques por la falta de aire, lo que provocó que sus heridas en su pecho se abrieran nuevamente. Y este proceso lo intentaron 2 veces más y sin éxito, entro al quirófano nuevamente para ver por qué sus pulmones colapsaban, y decidieron intentar con otro tipo de gas llamado heliox ya que este es más fácil de respirar. También enfrentó episodios de hipotermia. Dios no evitó todo este dolor, ni para él ni para nosotros como padres.

Lloramos mucho y, debido a las restricciones por COVID-19, lo hicimos en soledad, ya que mi esposo y yo no podíamos estar juntos en el hospital. Sentía que no podía más; en casa tenía otros dos hijos que necesitaban de su mamá los cuales sufrieron depresión debido al cambio drástico de sus vidas, y mi corazón estaba dolido por todo lo que me toco presenciar. Hubo momentos en los que los doctores y las enfermeras me informaban que algo no iba bien. En esos momentos tenía que mantenerme fuerte, sin gritar ni llorar delante de ellos, porque no quería que me vieran derrumbarme. Así que me iba al baño, donde sabía que podía desahogarme sin ser observada. Allí, entre sollozos contenidos, trataba de liberar el peso de las emociones que me invadían. Muchas veces sentí que literalmente no podía soportar más dolor.

Dios no evitó nada de esto. ¿Por qué? No lo sé, pero lo que sí sé es que pude conocer un profundo dolor, pero a la misma vez un el profundo gozo, porque los pequeños milagros en su recuperación, día tras día, fueron divinos.

Sentía la fortaleza de mi Padre Celestial, quien me mostraba Su bondad de maneras inesperadas. En los momentos más difíciles, cuando sentía que no podía dar un paso más, sabía que Él caminaba conmigo. Sentía Su mano sosteniéndome, llenándome de calma. Aunque físicamente estaba sola, no lo estaba realmente, porque Su presencia era palpable en mi vida. Sé que a Dios le importaba porque me enseñó a ser fuerte, tanto física como emocionalmente.

Él me dio la capacidad de cuidar a Moroni y de estar alerta a sus necesidades, incluso cuando yo no tenía experiencia médica. Me ayudó a identificar cuando algo no estaba bien y me dio las palabras y el valor para comunicarme con las enfermeras y los doctores en el idioma inglés. Él me permitió defender los derechos de mi hijo y asegurarme de que lo atendieran de la manera única que él necesitaba. Moroni sufría de mucha sensibilidad y su llanto constante era desgarrador. En varias ocasiones tuve que suplicar e incluso exigir que le dieran más medicina para el dolor.

Aunque las enfermeras tenían reglas estrictas en sus horarios de medicamentos, yo sentía el valor necesario para hacer que le dieran más medicamento. También exigí que nadie pudiera entrar sin mi autorización para realizarle estudios pertinentes, como análisis de sangre y rayos X, que eran necesarios, pero que solo yo, como su madre, sabía cuándo era el momento adecuado para hacerlos y cuándo no. Tomar estas decisiones significaba que los especialistas tendrían que esperar varias horas para regresar, pero lo hacía pensando en el bienestar de Moroni.

Además, pedía que no lo bañaran todos los días y que, incluso al cambiarle el pañal, se hiciera de forma cuidadosa. Moroni utilizó pañales de tela por más de un año, y en el hospital era muy difícil lavarlos, pero todo lo hacía por su bienestar. Aunque pueda parecer exagerada, no lo hacía por mí, sino por mi bebé, para que pudiera descansar y estar en paz la mayor parte del tiempo. Sabía que, de no hacerlo así, lo esperaban episodios de llanto y malestar.

Cada doctor encargado de Moroni se sorprendía de lo atenta que estaba con respecto a su salud y de la manera en que abogaba por él. Una de las doctoras, incluso, me preguntó si tenía estudios médicos debido a la forma tan detallada y responsable en que gestionaba sus cuidados.

Dios le dio a Moroni la fuerza para superar el dolor, para soportar los piquetes y para enfrentar todo lo que tuvo que atravesar. Poco a poco, comenzó nuevamente a beber un poco en

41

su mamila. Moroni empezó a recuperar fuerza, y con sus pequeñas manos volvió a sostener mis dedos.

Un día me encontraba triste, viendo videos antiguos para recordar cómo era mi hijo: tan alegre y lleno de vida. Las lágrimas caían mientras repasaba esos momentos felices. No sé cómo, pero mi esposo percibió mi agobio. Me llamó y me dijo que él se quedaría con Moroni esa tarde para que yo pudiera regresar a casa con los niños y descansar un poco.

Cuando volví al hospital, no podía creer lo que veían mis ojos: ¡Moroni ya no tenía ninguna intravenosa ni tubos para respirar! Mientras hablaba con el enfermero, tratando de procesar lo que estaba viendo, Moroni me miró, y con esa misma ternura de siempre, me regaló una sonrisa y comenzó a balbucear. Ese instante fue un regalo del cielo, un momento lleno de luz que atesoro profundamente en mi corazón.

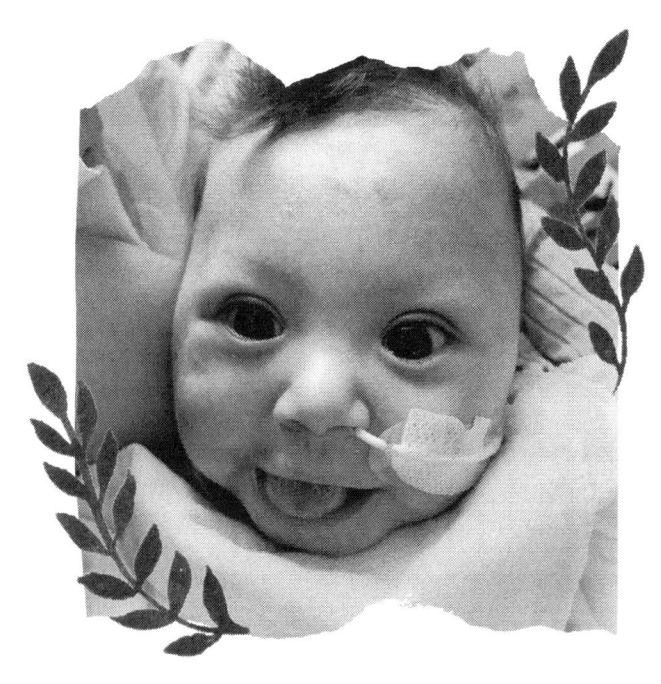

"Al que cree TODO le es Posible"

Marcos 9:23

En ese proceso, conocimos a enfermeros a quienes admiro profundamente y por quienes siento un inmenso agradecimiento. Con gran bondad, me acompañaban durante las madrugadas, meciendo su cuna con dedicación y paciencia.

Todavía me asombra la bondad de muchos de ellos, porque, como su mamá, no me importaba estar cuatro horas de pie en la madrugada meciendo la cuna, pero muchos de ellos lo hacían por mí. Incluso se quedaban sosteniendo con su dedo el chupón en su boca, ya que él no tenía la fuerza para mantenerlo y se le caía. Pero, para darle alivio, lo sosteníamos por él.

Fue en esos momentos cuando mi hijo me mostró una de sus cualidades más admirables: su resiliencia. Su capacidad para enfrentar los desafíos y su espíritu inquebrantable fueron un reflejo del poder y el amor de Dios actuando en su vida.

Jesús sanó a los enfermos, dio vista a los ciegos y permitió que los paralíticos caminaran. Sin embargo, no todas las personas enfermas fueron sanadas mientras Jesús caminaba por la tierra. Aun así, hubo muchas personas agobiadas, tristes, desanimadas y enfermas que no recibieron sanación física.

Pero Jesús nos mostró algo más grande: el camino hacia la fortaleza espiritual y emocional. A través de Su ejemplo y enseñanzas, nos dio las herramientas y el poder para enfrentar y vencer cualquier cosa que enfrentemos en esta vida, recordándonos que la fe en Él es suficiente para superar cualquier adversidad.

El síndrome de Moroni no tiene cura; no desaparecerá, y eso está bien. Su síndrome es una demostración del amor de Dios. Aunque no tiene cura, Dios ha ayudado a mi hijo a superar muchos diagnósticos, y ha sido a través de mucho dolor, pero ha superado cosas que no imaginábamos. La vida de Moroni es perfectamente imperfecta.

¿Cómo es posible que, en medio del caos y el dolor, encontremos tanta satisfacción, gozo y esperanza? Eso solo es posible a través de la luz guiadora y reconfortante de Jesucristo.

Romanos 10:17
"Así que la fe es por el oír, y el oír, por la palabra de Dios."

Mi hijo sobrevivió, y sé que hay muchos bebés, niños, jóvenes y adultos que han partido de este mundo. Sin embargo, esto no significa que Dios sea injusto o que ame más a Moroni. Si tan solo pudiéramos ver más allá de este mundo, si el velo se nos quitara de los ojos, comprenderíamos que la muerte es simplemente otro paso hacia nuestro hogar celestial.

Estamos en esta tierra por un tiempo limitado, un tiempo diseñado para que tengamos experiencias que nos brinden conocimiento, fortaleza y preparación para lo que vendrá cuando crucemos al otro lado del velo. Estoy convencida de que un día volveremos a ver a las personas que amamos y que han partido antes que nosotros. Los veremos, los abrazaremos y recordaremos juntos nuestras vivencias terrenales. Y ellos nos dirán que siempre estuvieron a nuestro lado, velando por nosotros con amor infinito.

Ese día será glorioso, lleno de amor, gozo y alegría interminable, un momento eterno sin enfermedades, angustias, preocupaciones ni dolor.

Allí comprenderemos con claridad que todas nuestras vivencias, incluso las más difíciles, fueron necesarias para nuestro crecimiento. Le agradeceremos a Jesucristo por su infinito amor y por su disposición de dar su vida para que todos pudiéramos tener la oportunidad de regresar con nuestro Padre Celestial y con nuestras familias.

Por ahora, debemos mantener la confianza, la seguridad y la fe en Dios de que ese día llegará. Aunque desde nuestra perspectiva terrenal pueda parecer lejano, en el tiempo de Dios está mucho más cerca de lo que podemos imaginar.

Caminar hacia Dios con fe es como avanzar con los ojos vendados mientras escuchas Su voz pidiéndote que sigas. Sabes que hay un barranco cerca, pero no te detienes; das pasos seguros porque confías en que Él ha puesto un puente invisible que solo se revela a quienes creen en Él.

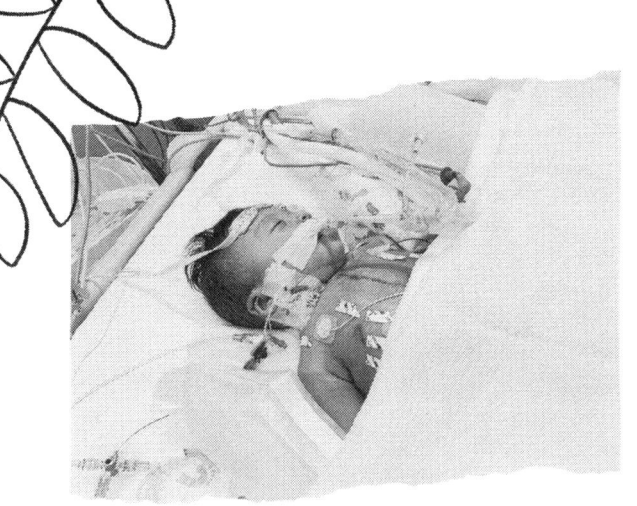

Un día difícil, pero lleno de esperanza: el día de la cirugía.

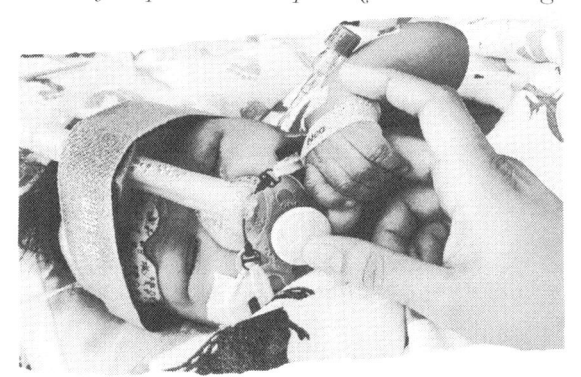

Un día a la vez: en recuperación.

Después de la batalla, la victoria: el día que salió del hospital.

Preguntas para meditar:

1. ¿Qué experiencias he vivido donde mi fe ha sido puesta a prueba y he aprendido algo importante de ellas?

2. ¿Estoy dispuesto a entregar completamente mis deseos y aceptar la voluntad de Dios, incluso si es diferente a lo que espero?

3. ¿Qué milagros invisibles o inesperados he recibido en medio de mis desafíos, que tal vez no había reconocido antes?

Pasos para tomar acción:

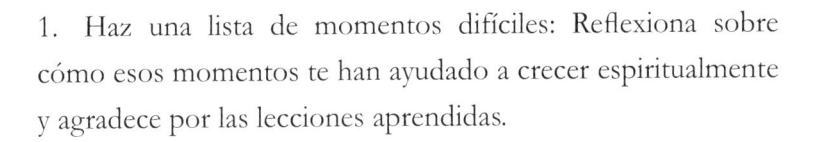

1. Haz una lista de momentos difíciles: Reflexiona sobre cómo esos momentos te han ayudado a crecer espiritualmente y agradece por las lecciones aprendidas.

2. Escribe una oración de entrega: Dedica un momento a escribir una oración en la que confíes tus deseos y miedos a Dios, expresando tu disposición a aceptar Su voluntad.

3. Busca relatos de fe en la Biblia: Lee sobre personajes bíblicos que confiaron en Dios, como Job, José de Egipto o Pablo.

4. Escribe tu propio "testimonio de fe": Reflexiona sobre cómo Dios te ha guiado en el pasado y escribe sobre ello para fortalecer tu confianza en Su plan.

5. Identifica lo que puedes controlar: Haz una lista de acciones que están en tus manos para avanzar en fe, y entrega a Dios lo que está fuera de tu control.

6. Ora específicamente por aceptación: Dedica tus oraciones a pedirle a Dios fortaleza y paz para aceptar Su voluntad en tu vida.

7. Rodea tu vida de recordatorios visuales: Coloca versículos, citas o imágenes que te recuerden confiar en la voluntad de Dios.

CAPÍTULO 3

REVELACIÓN PERSONAL

"Y si alguno de vosotros tiene falta de sabiduría, pídala a Dios, el cual da a todos abundantemente y sin reproche, y le será dada."

- Santiago 1:5

Así como es importante orar a Dios y pedirle todas las cosas que necesitamos, también es esencial aprender a reconocer cómo Él nos responde. Dios contesta nuestras oraciones, pero necesitamos estar atentos y abiertos para discernir sus respuestas. Más allá de pedir, debemos aprender a escuchar y comprender lo que Él desea que hagamos. La revelación personal es esa conexión especial a través de la cual Dios nos guía, nos consuela y nos muestra el camino, revelándonos Su voluntad para nuestra vida.

Desde que nació, Moroni tenía la lengua afuera. Como les mencioné antes, muchas veces pregunté a los doctores por qué mi hijo siempre tenía la lengua afuera, pero nadie me daba una respuesta. Cada especialista que consulté —el dentista, su pediatra, la doctora genética, el gastroenterólogo y cualquier otro profesional— no podía explicarme por qué la lengua de Moroni era tan grande o por qué no podía mantenerla dentro de su boca.

Decidí confiar en ellos y darles el tiempo que me pedían, ya que me decían que, conforme creciera su cabeza, su boca alcanzaría el tamaño necesario para que su lengua encajara. Acepté sus consejos, pero siempre le pedía a Dios que me guiara y me mostrara cómo podía ayudar a Moroni, porque él tenía serios problemas para alimentarse. La leche se le salía por los lados y nunca pude amamantarlo porque, debido a su tono muscular bajo, le resultaba muy difícil tragar, succionar, apretar y mover la lengua.

Con la lengua constantemente afuera, Moroni babeaba de manera excesiva. Recuerdo que incluso le hice baberos especiales junto con mi mamá, agregando una tela impermeable para que su pecho no se empapara, ya que comenzó a desarrollar llagas en el cuello por la cantidad de saliva que se acumulaba.

No solo eso, también se ahogaba y tosía con frecuencia. Su lengua le provocaba muchas incomodidades y, como padres, nos dolía verlo incómodo.

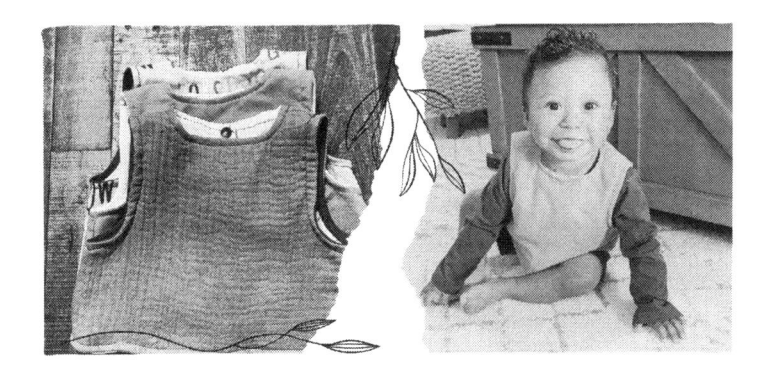

Sentía una impotencia enorme al no tener una respuesta clara sobre cómo ayudar a mi hijo, pero algo dentro de mí me decía que seguramente había una solución para ayudar a Moroni, aunque aún no sabíamos cuál era.

Encontré una terapia especializada en el control de la saliva, y Moroni asistió por algunos meses, pero no obtuvimos los resultados que deseábamos ni esperábamos, ya que él era extremadamente sensible. Nadie podía tocarle la boca ni acercarse a su cara sin que llorara intensamente. De hecho, Moroni nunca se metía nada a la boca, algo que los bebés hacen por instinto; él rechazaba cualquier objeto que se acercara a su boca. Quizá esto se debía a que, desde que nació, estuvo entubado y, posteriormente, tuvo otras cirugías que requirieron múltiples procedimientos en su cara.

La necesidad de seguir buscando era constante, y muchas veces suplicaba pidiéndole a Dios que me ayudara a saber qué hacer. Moroni estaba por cumplir dos años. Durante todo ese tiempo, yo buscaba respuestas, aunque ni siquiera sabía bien qué estaba buscando.

Una noche, alrededor de las cuatro de la mañana, me desperté al escuchar una voz. No era una voz audible, sino algo que resonaba en mi mente, una impresión profunda. Esa voz me decía: 'Busca'.

Traté de ignorarlo, ya que en ese tiempo casi no dormía. Aunque Moroni ya tenía 2 años, cuidarlo era como atender a un bebé, y la mayor parte del tiempo estaba agotada.

Pero nuevamente escuché la palabra: 'Busca'. A pesar del cansancio extremo, pude percibir su dirección clara y fuerte, aunque no en el sentido de un grito, sino como una certeza firme.

"Te haré entender y te enseñaré el camino en que debes andar; sobre ti fijaré mis ojos."

Salmos 32:8

Esta vez decidí hacerle caso. Recuerdo que tenía mi computadora portátil justo al lado de mi cama, así que la abrí y me senté a la orilla de mi cama. No sabía qué hacer, pero algo me impulsó a comenzar mi búsqueda.

Comencé a escribir en Google y en YouTube usando palabras clave como **"lengua grande"**, **"síndrome de Williams"** y **"babeo excesivo"**. Estaba decidida a encontrar alguna respuesta. Después de una hora de búsqueda, encontré un video en YouTube. Hoy en día, con tanta tecnología y tantos avances, es más fácil tener acceso a información importante. Obviamente, es necesario ser cuidadosos y evitar auto diagnosticarnos solo por lo que encontramos en internet. Es importante usar el sentido común y buscar a los especialistas adecuados que puedan ayudarnos a confirmar o descartar cualquier diagnóstico.

En el video, un doctor hablaba sobre el síndrome de Beckwith-Wiedemann, una condición genética donde una de sus características es la macroglosia, es decir, una lengua muy grande. Aunque ese no era el síndrome de Moroni, decidí ver el video completo.

En ese video, el doctor mencionó algo que resonó profundamente en mi mente. Dijo: '**Estoy en contra de tantos especialistas que les dicen a las familias que, con el tiempo, el niño crecerá, la boca se hará más grande y, al final, la lengua encajará bien. No entiendo por qué dicen eso, porque con una cirugía reductora de lengua, que es muy sencilla, puedes cambiar la calidad de vida de un niño.** '

Cuando escuché esas palabras, mi corazón cobró ánimo. Eran exactamente las mismas palabras que me habían dicho los especialistas que había consultado. Sentí que Dios, por medio del Espíritu Santo, me guió y me habló a través de ese video y de ese especialista. No vino Dios directamente a decirme lo que necesitaba, pero, por medio de esta red social, obtuve información crucial que marcó la diferencia.

Dios contesta nuestras oraciones y nos habla con una voz suave y apacible. Es una voz que se siente en el corazón y que se entiende en la mente. Sin embargo, en nuestra vida diaria, estamos tan llenos de ocupaciones, ruidos y distracciones que a veces no le permitimos a Dios hablarnos, y se vuelve difícil escuchar la voz suave de Su Espíritu.

Por eso creo que Dios me hablo a las 4 de la mañana, él sabía que mis días estaban llenos de estrés, preocupaciones y ocupaciones así que decidió hablarme a esa hora en que estaría más tranquila y en la que él sabía que lo iba a escuchar. Esto no quiere decir que a esa hora solo podemos escucharlo, Dios nos habla a cualquier hora del día, solo necesitamos estar en sintonía con él.

Para mí, saber que finalmente tenía la solución al problema de mi hijo fue algo maravilloso, pero no esperaba que ese camino nos costara tantas lágrimas.

1 Reyes 19:11-12
"Y le dijo: Sal fuera, y ponte en el monte delante de Jehová. Y he aquí Jehová que pasaba, y un grande y poderoso viento que rompía los montes y quebraba las peñas delante de Jehová; pero Jehová no estaba en el viento. Y tras el viento un terremoto; pero Jehová no estaba en el terremoto. Y tras el terremoto un fuego; pero Jehová no estaba en el fuego. Y tras el fuego un silbo apacible y delicado."

Cuando Dios Habla, Nosotros Obedecemos

Era domingo cuando vi el video sobre la cirugía reductora de lengua, y no todos los especialistas suelen trabajar ese día. Esperé hasta que fueran aproximadamente las nueve de la mañana y llamé al hospital en Miami, de donde provenía el video.

Para mi sorpresa, alguien contestó. Me explicaron que, en ese hospital, antes de realizar la cirugía, un equipo completo de especialistas evalúa la lengua y la boca del niño para determinar si la cirugía realmente es necesaria.

Me interesó mucho, así que le pedí que me agendara una cita. Yo estaba decidida a viajar a Miami sin importar el esfuerzo, con tal de ayudar a mi hijo.

Sin embargo, cuando me pidieron mi información personal y dirección, la persona me dijo: **"No creo que tengas que venir hasta acá. En Dallas hay un cirujano muy famoso y excelente, el Doctor Jeffrey Fearon, cirujano craneofacial. Te puedo dar su información."** Me pasó los datos del doctor Fearon, y para mí, eso fue otro milagro. Obtuve información muy valiosa, y en un domingo. El hecho de que no tuviera que viajar hasta Miami, sino que hubiera un especialista local, fue una verdadera bendición.

A los pocos días, agendé una cita con él, pero sería dentro de dos meses. Como ya sabía qué especialidad médica podría ayudarme, decidí buscar otro cirujano craneofacial para ver si tenía una cita más cercana.

Sorprendentemente, esa cita me la dieron muy rápido. Recuerdo que me pareció extraño que fuera tan pronto, pero asistí de inmediato.

En esa consulta, hablé con otro cirujano craneofacial y le expliqué toda la situación de Moroni desde que era un bebé. Le conté sobre los problemas que había tenido para alimentarse y el babeo excesivo. Incluso le mencioné cómo, durante una radiografía en el dentista, se había visto que los dientes de Moroni empezaban a desviarse hacia afuera debido a la presión de la lengua. Después de escuchar todo, el doctor dijo que no recomendaba la cirugía. Según él, la única razón para realizar una cirugía reductora de lengua sería si, al crecer, Moroni comenzaba a recibir burlas y esto afectaba su autoestima.

Salimos de esa cita muy tristes y desanimados, ya que sentíamos que, una vez más, no habíamos encontrado una solución. Sin embargo, en ese momento decidí dejar de buscar y simplemente seguir haciendo mi parte como su mamá: ayudarlo siempre.

Al día siguiente llamé al consultorio del Doctor Fearon para cancelar la cita que tenía, pensando que ya había recibido una opinión profesional. Pero la persona que me atendió me animó a reconsiderar, sugiriendo que obtener una segunda opinión podría ser valioso. Decidí seguir su consejo.

Finalmente, el día llego, y pude explicarle al doctor toda la situación de Moroni, incluso que ya había consultado con otro cirujano. Al escuchar esto, el Doctor Fearon se mostró sorprendido e incrédulo ante lo que me había dicho. Me comentó que, en su opinión, era evidente que Moroni necesitaba una cirugía reductora de lengua y que podía realizarla. Finalmente, programamos la cirugía.

A Moroni le realizaron la cirugía reductora de lengua en el hospital Medical City Children's. Al ver a mi hijo después de la

Bienaventurados los que oyen la palabra de Dios, y la guardan

Lucas 11:28

cirugía, no pude contener las lágrimas y le pedí perdón por lo que lo había hecho pasar. Vi un panorama desalentador, ya que parecía como si le hubieran cortado toda la lengua, o incluso como si no tuviera lengua. Sin embargo, sí la tenía, solo que estaba tan inflamada, como una pelota redonda, y esto me asustó muchísimo.

Me sentía arrepentida y culpable, con un peso muy difícil dentro de mí, invadiendo por completo mis pensamientos. Pensaba que me estaba descontrolando al querer solucionar lo que no tenía solución y que quizá ya me había ido a un extremo. Realmente me sentí perdida.

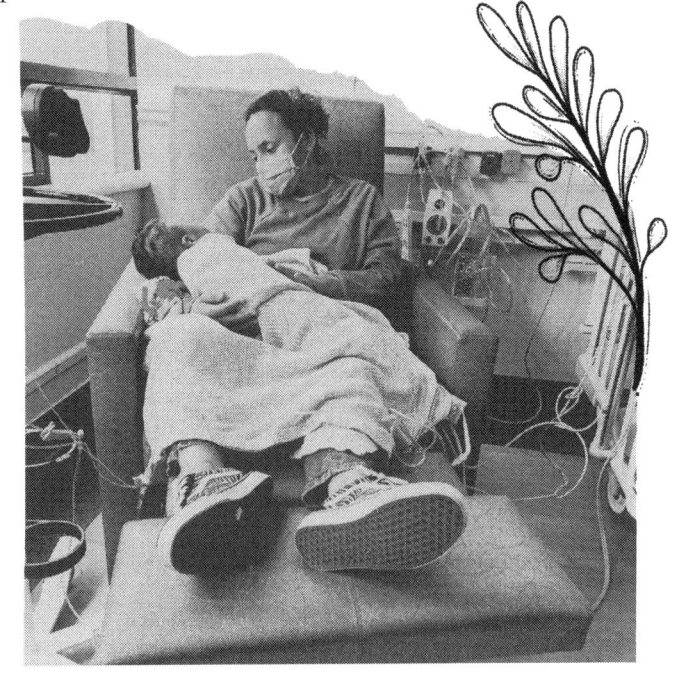

Aunque el cirujano nos había dicho que sería una operación sencilla y que en cinco días Moroni estaría comiendo nuevamente, hemos aprendido que él es muy diferente a otros niños; su tiempo de recuperación y de aprendizaje es más lento. La cirugía fue extremadamente agresiva para él y sumamente difícil de sobrellevar. Moroni estuvo en el hospital tres semanas, cuando originalmente solo se habían planeado dos días.

Su recuperación fue complicada; era como si se hubiera convertido en un recién nacido, o incluso en una situación más delicada, ya que ni siquiera podía tomar leche con la mamila.

Me sentía desanimada porque habíamos hecho un esfuerzo enorme para que él aprendiera a comer mejor, y sentía que todo el esfuerzo que había realizado día tras día se había tirado a la basura. Tanta terapia desperdiciada. Todo el tiempo invertido en ayudarlo a tragar mejor, a tomar su mamila y a meterse cosas a la boca... todo eso hermoso que ya lograba, de repente, dejó de existir.

Todos en casa sufrimos mucho al verlo sin poder comer como antes. Cuando le dábamos su mamila, la rechazaba y, después de muchos intentos, cuando finalmente la agarraba, la leche se le escurría por los lados de la boca. Fue un acto alarmante porque se quejaba y lloraba sin parar.

Al final, fue necesario colocarle un tubo nasogástrico porque no podía usar la mamila. Pero, debido a que se suponía que lo usaría solo por unos días, el doctor no nos ofreció una máquina especializada para la alimentación, sino que debíamos hacerlo manualmente. Elevábamos su tubo para que la gravedad ayudara a que la leche fluyera y, con una jeringa muy grande, la empujábamos lentamente.

Mi esposo y yo sentíamos mucha ansiedad y estrés cada vez que llegaba la hora de alimentarlo por el tubo nasogástrico, ya que sabíamos que sería un proceso aterrador lleno de gritos. Moroni sentía el paso de la leche por el tubo, y eso le causaba pánico. No entendemos exactamente por qué, pero el hecho de que la leche pasara por su nariz, esófago y estómago era demasiado para él.

La recuperación fue muy lenta, completamente diferente a lo que el cirujano nos había dicho. Pero, una vez más, nos dimos cuenta de que Moroni es único.

Este proceso también fue muy difícil para mis otros hijos, ya que ellos veían a su hermano sufrir, lo cual los asustaba y les generaba mucha angustia. Además, emocionalmente fue complicado para ellos no tener a mamá y papá disponibles como antes. Yo no podía llevarlos a sus clases, ni jugar con ellos, ni leerles cuentos como solía hacerlo. Aunque me esforzaba por darles tiempo de calidad, la realidad era que me resultaba muy difícil equilibrar todo.

Una tarde, mientras Moroni estaba sentado, de alguna manera se jaló el tubo de la nariz y se lo sacó completamente. Decidimos llevarlo a un hospital cercano.

Al llegar al hospital, nos informaron que no podían colocarle el tubo, ya que solo contaban con tubos nasogástricos para adultos. Lo mismo nos sucedió en otros dos hospitales cercanos. Esto nos preocupaba profundamente, porque Moroni debía comer cada tres horas, y el hecho de que pasara tanto tiempo sin alimentarse significaba que tendría hambre y no queríamos sus episodios de llanto. Finalmente, decidimos llevarlo a su hospital de siempre, donde esperamos seis largas horas hasta que lograron colocarle nuevamente el tubo en la nariz. Regresamos a casa alrededor de las tres de la madrugada, completamente agotados.

Sin embargo, hacia las cinco de la mañana, mi esposo Jorge notó algo extraño: el tubo estaba enredado alrededor del cuello de Moroni y ya no estaba en su nariz. Con gran preocupación, me desperté gritando: "**¡Gaby, se le salió el tubo otra vez!**". La frustración era inmensa. Esta vez, Jorge decidió llevar a Moroni al hospital él solo, mientras yo me quedaba en casa con los otros niños. Aquella noche fue extremadamente estresante y agotadora, tanto física, mental como emocionalmente. Moroni tenía muchos problemas con su salud, y como es un niño con cardiopatías congénitas y debido a su síndrome, corría riesgo de deshidratarse y su corazón podría verse afectado. Entonces en nuestra cabeza corrían muchas preocupaciones.

Al Obedecer Su Voz, Recibimos Bendiciones

Durante este mes de recuperación, pude sentir cómo Dios me consolaba y me ayudaba a desarrollar nuevas habilidades, como alimentar a mi hijo a través del tubo nasogástrico. Aprendí a colocar el tubo en su nariz, a verificar si estaba en el estómago, a poner y quitar el adhesivo sin lastimarlo, e incluso inventé una forma de sujetar el tubo con un clip para evitar que se enredara. Esto hizo nuestra vida un poco más fácil. Cuando llegaba la hora de alimentarlo, todos en casa nos uníamos para cantarle, alegrarlo y distraerlo antes de que comenzara a pasar la leche por el tubo; fue realmente un trabajo en equipo.

Cuando el Espíritu Santo nos habla, su guía nos llena de sabiduría celestial.

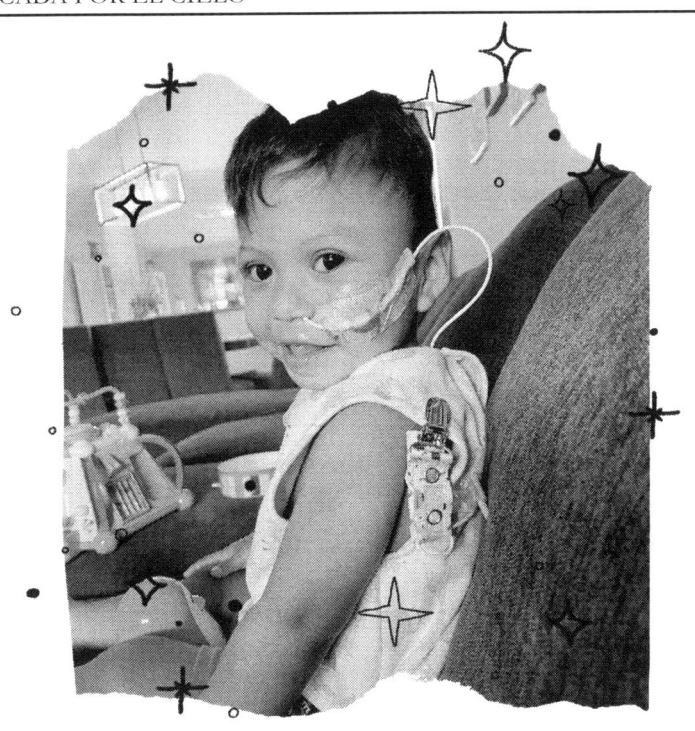

Dios también me ayudó a desarrollar más paciencia y me mostró que, aunque a veces tengamos que empezar desde cero, es posible alcanzar nuestras metas nuevamente. Sentimos Su presencia en nuestro hogar, cerca de Moroni y de nuestros otros hijos, y percibimos Su caridad a través de personas que nos llamaban para animarnos.

Yo obedecí la voz de Dios al buscar lo que Él me indicó. Seguí Su mandato y me aseguré de que Moroni tuviera esa cirugía, pero el camino no fue fácil, y no siempre lo es. Habrá momentos en que, al obedecer Su voz y Sus mandamientos, nuestra vida será más sencilla y las soluciones llegarán rápidamente. Sin embargo, si has obedecido y sientes que todo se vuelve más difícil, no dejes de creer. Confía en el tiempo de Dios y en Su plan perfecto para ti, un plan diseñado para ayudarte a desarrollar habilidades, fortalecer tus cualidades únicas y adquirir nuevo conocimiento.

El crecimiento personal requiere enfrentar obstáculos, pues cada desafío es una oportunidad que nos impulsa a crecer en todos los aspectos de nuestra vida.

No te rindas. Mantén un corazón agradecido y una mente positiva, porque Dios no te abandonará; Él te sostendrá y te ayudará a salir adelante. Y cuando lo logres, no serás la misma persona: serás alguien más fuerte, con mayor resiliencia y una caridad más profunda hacia los demás.

Poco a poco, con la ayuda de la terapeuta, Moroni comenzó a tomar nuevamente su leche en la mamila, y luego empezó a comer purés y a masticar texturas más grandes y difíciles. Fueron momentos hermosos y llenos de gratitud, verdaderos milagros que me permitieron ver que, con mucha perseverancia y amor, todo se puede lograr. Además, pude compartir cada día en mis redes sociales el progreso de Moroni, lo cual ayudó a dar ánimo y gratitud a cientos de personas. Con este desafío de Moroni, muchas personas alrededor del mundo pudieron tener prueba de que Dios es real y su presencia se manifiesta en nuestras vidas. Al final, Moroni logró alcanzar la misma etapa en la que estaba antes de la cirugía, continuó con terapias y eso lo ayudó bastante.

Pudimos notar un cambio asombroso en su rostro: se veía diferente, ya no babeaba, y ahora podíamos apreciar completamente su sonrisa y sus pequeños dientes.

Una de las bendiciones más grandes que he podido notar al pasar por todos estos momentos tan desafiantes es ver cómo Abby y Mahonri desarrollaron una empatía profunda hacia su hermano.

Hoy, Moroni está más grande, y puedo ver claramente la gentileza, el cariño, la caridad, el amor y la paciencia que tienen hacia él. Me sorprende mucho cómo ellos se emocionan por los pequeños avances de Moroni. Celebran cada logro, por más pequeñito que sea, y lo ven como una bendición.

Esa perspectiva los ha hecho niños más agradecidos y conscientes de los milagros diarios. Aunque fue un proceso muy difícil para ellos, también fue una experiencia llena de aprendizaje y fortaleza, tanto emocional como espiritual. Estoy segura de que las lecciones que aprendieron en esos momentos los marcarán para siempre, ayudándolos a ser mejores personas.

Me toca profundamente el corazón escuchar sus oraciones, siempre pidiendo por el bienestar de su hermano. Más aún, llena mi alma de alegría saber lo que guardan en su corazón y cuáles son sus deseos más grandes.

En varias ocasiones he tenido la oportunidad de conversar con Mahonri, quien tiene 7 años. En una de esas pláticas, me confesó que tenía un gran deseo. Pensé que su deseo sería algo típico de un niño, como tener mucho dinero o muchos juguetes. Pero su respuesta me dejó sin palabras: **"¡Claro que no, mamá! ¿No sabes que lo que más deseo es que Moroni y yo podamos platicar?"**

En otra ocasión, mientras mirábamos las estrellas, Mahonri me dijo que podíamos pedirle un deseo a una estrella. Lo observé cerrar los ojos con una expresión de ruego tan sincera que me conmovió. Cuando los abrió, le pregunté: **"¿Y qué deseaste?"** Sorprendido, me respondió una vez más: **"Mamá, estoy pidiendo que Moroni pueda hablar."**

Me siento profundamente agradecida de poder presenciar el amor de Dios reflejado en los actos de caridad de Abby y Mahonri hacia Moroni. Lo incluyen en sus juegos con otros niños, lo guían, le toman la mano para que no se caiga, comparten con él incluso aquello que más aman, lo consuelan y lo protegen. Han desarrollado ese mismo sentimiento que yo misma he experimentado: la responsabilidad de asegurarnos de que la vida de Moroni sea hermosa.

Y no solo estos desafíos han marcado a Mahonri, Abby, Jorge y a mí, sino a toda mi familia y, sobre todo, a mis bellos sobrinos. Moroni tiene la dicha de tener 11 primos que viven cerca de nosotros. Él es el más pequeño de todos, pero también tiene una primita que es solo un mes mayor que él. Me causa tanta alegría que, cuando llegamos a visitar a mi hermano menor, mi sobrinita Alice se alegra de ver a Moroni. Le pone sus manos sobre las mejillas, lo mira directo a los ojos y le da la mano para que vaya a jugar con ella. También mi sobrina más grande, Regina, que tiene 16 años, lo carga, lo abraza, lo ayuda y juega con él. Todos los domingos, al llegar a la iglesia, Moroni corre hacia la banca donde está sentada la familia de mi hermano mayor, y mi sobrina Zuheivy, quien con tanta ternura y paciencia lo sostiene para que esté reverente en la iglesia. Le acaricia la cabecita y la carita, y trata de que esté tranquilo.

No puedo incluir a todos mis sobrinos, pero cada uno de ellos corre para saludar a Moroni cuando lo ven. Ellos sienten un amor tan puro y lindo, y esto para nosotros es un tesoro.

Una de las bendiciones tangibles de obedecer la voz de Dios al buscar la solución a los problemas de mi hijo fue la siguiente: Moroni tenía muchas dificultades para dormir; se movía demasiado y, al principio, pensaron que esto se debía a un bajo nivel de hierro. Por ello, fue referido a una doctora especializada en trastornos del sueño.

Tras pasar una noche en el laboratorio del sueño, finalmente diagnosticaron a Moroni con apnea del sueño central y obstructiva. La apnea central ocurre cuando la parte del cerebro encargada de controlar la respiración no funciona correctamente, mientras que la apnea obstructiva se debe a una obstrucción en las vías respiratorias, es decir, hay poco espacio para que el aire pase correctamente.

Durante la consulta, mientras platicábamos sobre todos los diagnósticos de Moroni, la doctora me preguntó si había algo más que agregar a su historial médico. Le mencioné la cirugía reductora de lengua, pero ella no podía ver esa información en sus registros porque esta cirugía se había realizado fuera de su hospital principal.

Y ahí llegó el momento de luz: la respuesta clara a todo lo que nos tocó vivir con Moroni por esa cirugía. La doctora me dijo que había sido una de las mejores decisiones que pudimos tomar. Explicó que, de no haber tenido esa cirugía, Moroni habría enfrentado serios problemas para respirar mientras dormía.

Cuando la doctora me dijo eso, sentí un profundo alivio y gozo al comprender que todo el sufrimiento de mi hijo había valido la pena. Una afirmación clara de que Dios había contestado mis oraciones y me había guiado a seguir buscando.

Él mismo dice: "el que busca, encuentra". Y yo encontré al especialista que mi hijo necesitaba para reducir el tamaño de su lengua, que le ocasionaba tantos problemas.

Actualmente, Moroni tiene apnea del sueño, aunque no es tan grave; es una apnea moderada.

Hace aproximadamente un año y medio, tuvo que someterse a otra cirugía para retirar un pequeño tumor en las vías aéreas, así como para quitarle los adenoides y las amígdalas. Sin embargo, el cirujano decidió no extraer nada, ya que el procedimiento podía ser demasiado agresivo para él.

Y la historia se volvió a repetir. Se esperaba que estuviera solo dos noches en recuperación, pero tuvo que ser internado por varias semanas y nuevamente usar un tubo nasogástrico. Pasamos por los mismos momentos, pero esta vez con una gran lección aprendida de la última vez: con confianza, paciencia y, con el tiempo Moroni se recuperó y volvió a tomar su mamila.

Debido a que esa opción no le ayudó, Moroni tiene una máquina de aire, pero no ha podido aprovecharla, ya que su sensibilidad no le permite usarla para respirar. Aun así, Moroni es el primero en despertar y siempre tiene mucha energía.

Salmos 84:10-11
"Porque mejor es un día en tus atrios que mil fuera de ellos; escogería antes estar a la puerta de la casa de mi Dios, que habitar en las moradas de maldad. Porque sol y escudo es Jehová Dios; gracia y gloria dará Jehová. No quitará el bien a los que andan en integridad."

> "El gozo que sentimos tiene poco que ver con las circunstancias en nuestra vida y todo que ver con el enfoque de nuestras vidas."
> - Russell M. Nelson

Si hubiera vivido este proceso de Moroni sin acudir a Dios, no lo hubiéramos logrado. Me habría sentido desesperada y con mucha ansiedad, me habría vuelto amargada y me habría enfadado con mi hijo por todo lo que teníamos que hacer por él. Pero con Dios, todo fue más fácil. Tenerlo en nuestra vida lo cambia todo, ya que cambia nuestro enfoque.

Mi enfoque siempre fue Dios. Siempre lo tuve en mi mente y corazón, y Él me dio la fuerza a mí, a Moroni y a mi familia para salir adelante con alegría y gratitud.

Todo el que quiera salvar su vida, la perderá, y todo el que pierda su vida por causa de mí, la Hallará.

Mateo 16:25

Preguntas para meditar:

1. ¿Cómo puedo reconocer mejor la voz de Dios en mi vida?

2. ¿En qué momentos de mi vida he sentido con certeza que Dios me ha hablado?

3. ¿Qué distracciones podrían estar impidiendo que escuche la guía del Espíritu?

4. ¿Soy obediente a las impresiones que recibo o las dudo y las ignoro?

5. ¿Qué cambios puedo hacer en mi rutina diaria para estar más en sintonía con la voluntad de Dios?

Pasos para tomar acción:

1. Dedica tiempo al silencio y la reflexión. Apaga el ruido del mundo y busca momentos de quietud para escuchar la voz de Dios.

2. Escribe en un diario espiritual. Anota las impresiones que recibas al orar o leer las Escrituras, así podrás reconocer patrones en la forma en que Dios te habla.

3. Ora con intención y pregunta específicamente. Sé claro en tus oraciones y estate atento a las respuestas que lleguen de diferentes maneras.

4. Sé obediente a las impresiones que recibes. Aunque no siempre entiendas el propósito inmediato, sigue la guía que Dios pone en tu corazón.

5. Fortalece tu relación con Dios a través del estudio y la adoración. Lee las Escrituras, asiste a la iglesia y rodéate de personas que fortalezcan tu fe.

Capítulo *4*

EL TIEMPO DE DIOS

"Todo tiene su tiempo, y todo lo que se quiere debajo del cielo tiene su hora."

- *Eclesiastés 3:1*

Vivimos en una época de inmediatez. Con solo un clic, podemos hacer compras, ver videos, o aprender algo nuevo. Esta rapidez en la que vivimos ha hecho que perdamos un poco la conciencia del tiempo y nos ha quitado la paciencia, ya que ahora es tan fácil obtener casi todo al instante.

Por ejemplo, antes las personas tenían que cultivar y esperar por las frutas de temporada, pero hoy en día, con supermercados cercanos y tiendas en línea, podemos tener todo lo que queremos en cualquier momento. En mi caso, ya ni siquiera necesito ir al supermercado; hago mis compras en internet, elijo la hora de entrega, y los productos llegan a mi puerta. Este cambio en la velocidad y comodidad también ha impactado nuestros valores. Uno de esos valores que hemos perdido es la capacidad de esperar.

Hoy en día, los niños no saben esperar, y como padres, muchas veces les damos lo que piden al instante para evitar el llanto, enseñándoles a recibir las cosas rápidamente. Desarrollar la paciencia es fundamental en la vida. Esta necesidad de inmediatez no solo afecta nuestras expectativas diarias, sino que también influye en cómo queremos ver resultados en todo: queremos bajar de peso rápido, desarrollar músculo de inmediato, aprender un instrumento sin esfuerzo, o dominar una habilidad en pocos días. Pero, en realidad, nada funciona así. Todo lo valioso requiere tiempo, esfuerzo, y dedicación.

Las cosas verdaderamente valiosas y significativas toman tiempo, tienen un orden, y su propósito se cumple mejor cuando ese tiempo se respeta.

Es en ese proceso, en la práctica, en la perseverancia y en la constancia, donde logramos desarrollar habilidades, fortalecer nuestro carácter, y aprender a valorar los logros.

Yo también he caído en esta impaciencia, deseo que las cosas sucedan rápidamente. Con el proceso de Moroni he aprendido que todo ocurre en un tiempo diferente, aunque ese aprendizaje lo he ganado con dolor y muchas experiencias.

Ya te he mencionado las dificultades que tuvo Moroni con su alimentación.

Desde muy pequeño se le han realizado varios estudios de deglución, en los cuales nos indicaron que tiene disfagia oral, lo que significa que tiene dificultad para pasar la comida. Además, también sufría de aspiración, es decir, el agua ingresaba a sus pulmones.

Por esa razón, recibió una terapia llamada VitalStim, en la cual le aplicaban impulsos eléctricos en la garganta mediante unos electrodos colocados en su cuello. Cada sesión debía durar al menos 45 minutos, y lo ideal era que pudiera tolerar una mayor intensidad de electricidad. Esta terapia estaba destinada a fortalecer sus músculos, pero para que realmente tuviera un efecto positivo, Moroni debía estar masticando y comiendo durante las sesiones. Como él no podía hacerlo bien, los beneficios fueron limitados.

Debido a los muchos intentos fallidos con diferentes terapias, la terapeuta vio la necesidad de una intervención más intensiva. Se hizo una referencia para que Moroni estuviera internado en el hospital por un mes, recibiendo una terapia intensiva de alimentación. No se trataba de ninguna cirugía ni procedimiento invasivo; simplemente estaría bajo supervisión constante para recibir terapia en cada comida del día, ya que la terapia regular solo se le daba dos veces a la semana. La terapia intensiva, en cambio, le brindaría acceso a terapeutas a lo largo del día, lo que facilitaría su progreso en la alimentación.

Moroni tenía unos tres años y no sabía masticar adecuadamente; no podía triturar la comida con sus muelas. Para él, aprender a masticar era médicamente necesario, pues su dificultad para hacerlo afectaba toda su alimentación, además de aumentar el riesgo de aspiración. Esa era la razón por la que era indispensable realizar una terapia intensiva.

Hice todos los trámites necesarios y estuvimos esperando una fecha. Fue un proceso agotador, que implicaba llamadas constantes para verificar cancelaciones y buscar oportunidades. Insistí, presioné, llamé a terapeutas que tenían acceso para acelerar el proceso y hablé con los encargados para asegurarme de que le dieran un espacio a mi hijo, luchando por ese lugar. Debido a la falta de camas en los hospitales, la disponibilidad era limitada, pero finalmente nos asignaron una fecha. Me sentía feliz, pensando que, al fin, el sueño de que mi hijo pudiera mejorar en su alimentación se haría realidad. Yo había tocado no una, sino muchas puertas para que mi hijo pudiera ser admitido en el hospital, es decir, había hecho mi parte, había hecho todo lo que estaba en mis manos.

Sin embargo, unos días antes de la fecha programada, recibí una llamada informándome que la cita se cancelaría porque el seguro no quiso cubrir los costos. Me quedé atónita. Llamé para confirmar y, efectivamente, el seguro había rechazado la solicitud argumentando que no era algo necesario y que Moroni podía continuar con sus sesiones habituales.

Me sentí desesperada. La encargada de los trámites con la aseguranza médica estuvo haciendo las llamadas necesarias para apelar esa decisión, y yo misma decidí apelar por mi cuenta. Hice una carta en la que aportaba más referencias y cartas de diferentes especialistas que justificaban la necesidad de la terapia. Fue un proceso largo y frustrante, y recibía la misma respuesta: la aseguranza médica no veía necesario que Moroni recibiera esta terapia intensiva. Al final, no logramos nada, ni yo por mi lado ni el hospital.

Recuerdo cómo la frustración y la impotencia me afectaron profundamente. Comencé a experimentar sentimientos que nunca había sentido. Tenía una sensación de ardor en el pecho que no desaparecía, una furia que me consumía, porque había dedicado tanto tiempo a llamadas, a investigaciones y a buscar soluciones para que al final, mi esfuerzo pareciera en vano. Mi hijo realmente necesitaba esta ayuda, y me sentía completamente impotente.

En este momento contaba con una amiga que es psicóloga que me apoyaba cuando tenía dudas o inquietudes, sobre todo en relación con mis hijos, pues a ellos también les afectaban mucho estas situaciones. Ella me ayudaba a saber cómo manejar las circunstancias difíciles. Recuerdo que en un momento de desesperación le escribí y le conté cómo me sentía, describiéndole el ardor que estaba experimentando. Ella me explicó que eso era ansiedad y que era natural sentirse así en una situación injusta.

Mi amiga, la psicóloga Nora Elicema, me hizo ver algo que no había considerado antes. A veces tendemos a culpar a Dios o a pensar que todo sucede porque "Dios lo quiere." Pero, aunque Dios ciertamente desea lo mejor para nosotros, Él no nos obliga a actuar de cierta forma. Nos da el libre albedrío para tomar nuestras decisiones, y la injusticia de esta situación no era un deseo de Dios, sino el resultado de decisiones humanas, como la negativa del seguro a cubrir la terapia de Moroni.

Me dijo que, a veces, guardamos nuestras emociones en el corazón sin expresarlas, y eso puede generar ansiedad. Me recomendó pedirle a mi esposo que se llevara a los niños por un rato, quedarme sola en casa y desahogarme a través de gritos. Me dijo que no importaba si no había palabras para expresar lo que sentía, que incluso los gemidos podían ayudar a liberar la emoción. Esta expresión le daría a mi cuerpo la oportunidad de procesar la frustración y liberarse de ella.

Seguí su consejo. Recuerdo haber gritado con fuerza, dejando salir toda la injusticia que sentía, la impotencia que me agobiaba por lo que estaba pasando con mi hijo.

Era, sin duda, una situación injusta, porque él necesitaba más ayuda de la que yo podía darle en casa. Sin embargo, comprendí que la vida está llena de injusticias y que debía aprender a dejarlas ir y superarlas

Al final, después de llorar, gritar y sentirme enojada, decidí aceptar la situación y dejarla ir. Entendí que esta terapia no era para Moroni. En esta vida, a veces sufrimos por las decisiones de otras personas, pero no tenemos que quedarnos estancados en el dolor. Podemos abrirnos camino hacia nuevas oportunidades. Como dice el dicho: 'Cuando se cierra una puerta, se abre otra.' Y es verdad. Dios me había enseñado que, a su tiempo, todas las injusticias se transformarían para bien.

Pero eso no significó que debía dejar de esforzarme. Cada día modelaba cómo masticar usando mi boca y mis manos. Durante cada comida de Moroni, hacía el acto de abrir y cerrar la boca, mostrando cómo hacerlo. A veces parecía una loquita porque abría la boca grande y decía: **"¡Añ, añ, añ!"**. Incluso cuando salíamos a comer fuera, todos en la familia modelábamos el acto de abrir y cerrar la boca. Seguramente hubo personas que se rieron de nosotros, pero sabíamos que era necesario continuar con la enseñanza.

"No importa lo lento que avances, siempre y cuando no te detengas. "

- Confucio

Espera en Jehová

Salmos 27:14

Seguimos ofreciendo diferentes alimentos, aunque la gran mayoría de los intentos no tuvo éxito. Pero seguí intentando muchas actividades y alimentos. Para darles una idea de la debilidad de Moroni, él no podía masticar ni siquiera sandía cortada en trozos diminutos. De hecho, desde bebé, en lugar de masticar, disolvía la comida usando su lengua y su paladar, haciendo movimientos hacia adelante y hacia atrás.

Mi bello Moroni también tosía demasiado y con frecuencia se ahogaba, como si no pudiera respirar. Llegó un punto en que todos en casa nos acostumbramos a verlo en episodios de atragantamiento debido a su disfagia oral. No se atragantaba con comida; simplemente, su deglución y su respiración no estaban sincronizadas, lo que le provocaba ahogos.

Sin embargo, cuando mi mamá u otras personas lo veían en ese estado, se asustaban y nos gritaban para que lo ayudáramos. Nosotros, con calma, respondíamos: **"Él está bien"**. Irónicamente, no estaba bien. No corríamos a ayudarlo ni hacíamos nada al respecto porque, lamentablemente, ese era su estado diario. Aunque no debería haber sido normal, lo era para él. Y, tristemente, no había nada más que pudiéramos hacer aparte de lo que ya estábamos haciendo.

Y así pasó el tiempo. Nunca dejé de trabajar con él; mi amor por Moroni me impulsaba a darlo todo. Quizá él no tenía terapeutas a su disposición como los que ofrecía esta terapia intensiva, pero tenía una mamá que no se daba por vencida.

Al año siguiente, Moroni nos dio una gran sorpresa. Un día tomó una manzana y comenzó a masticarla. Las lágrimas de alegría corrían por mis mejillas. Masticar una manzana era algo que parecía imposible.

Hoy, mi hijo come pollo, carne, tacos, tostadas y muchas otras cosas que ha aprendido a disfrutar a sus cuatro años. Tuvieron que pasar varios años para que adquiriera la habilidad de masticar y mover su lengua y mandíbula de la manera correcta.

Recientemente, mis hijos y yo estábamos sentados en la mesa cuando Abby me pidió unas uvas. Las saqué y las coloqué en un plato. Abby comenzó a comerlas, y de repente, Moroni, con su pequeña manita, tomó una. Pensamos que probablemente la tiraría, jugaría con ella, como solía pasar. Pero, para nuestra sorpresa, Moroni se llevó la uva a la boca y comenzó a masticarla. Abby me miró con unos ojos enormes y exclamó: **"¡Mira, mamá!"**. Ambas no podíamos creer lo que veíamos. Moroni terminó esa uva, tomó otra, y así sucesivamente, hasta que se comió varias. Fue un momento de asombro y felicidad que jamás olvidaremos.

Esto me ha enseñado que es fundamental permitir que las cosas sucedan a su debido tiempo y dejar que el proceso siga su curso natural. Es importante confiar en que Dios obre en nuestra vida al ritmo lento que a veces es necesario. Moroni aprendió a su tiempo; no cambiamos nada drásticamente. Seguimos con la misma rutina, siendo un ejemplo constante para él día tras día, retándolo y empujándolo. Aunque en su momento no respondía como esperábamos, finalmente comprendió y comenzó a imitar nuestra forma de masticar.

En uno de los últimos estudios de deglución, Moroni seguía mostrando aspiración, aún después de la cirugía y después de tantas terapias de vital stim. Yo le pregunté a la terapeuta de alimentación que estaba haciendo el estudio: **'¿Si Moroni sufre de aspiración, cómo es que Moroni no se enferma de los pulmones?'** A lo que ella me comentó: **'No lo sé, Moroni es muy fuerte.'** Después, le volví a preguntar: **'¿Si entra agua a los pulmones, corres el riesgo de tener una infección?'** y ella contestó que sí.

Sin embargo, Moroni nunca ha tenido ninguna infección en sus pulmones, aun con el riesgo que tiene de las aspiraciones. Esta es otra prueba de que, aunque no se nos dé lo que tanto pedimos y deseamos, Dios hará otros milagros para bendecirnos.

También he aprendido a mantener la calma en momentos difíciles, a confiar en el proceso y a fortalecer mi fe. He desarrollado habilidades para comunicarme mejor y buscar soluciones creativas a los desafíos. Ahora sé cómo manejar mis emociones en momentos de frustración y cómo apoyar a mis hijos en las suyas. Estas habilidades de fortaleza espiritual y emocional que he adquirido las aplico ahora con mis otros hijos. Antes no era tan paciente con ellos, pero hoy puedo enseñarles a enfrentar sus propias dificultades con amor, perseverancia y gratitud.

Estas experiencias me han brindado una nueva perspectiva llena de compasión. He descubierto que siempre existen más maneras de enfrentar y solucionar los problemas de las que imaginamos. Y si tenemos a Dios de nuestro lado, podemos estar seguros de que, en cada momento, saldremos victoriosos.

La lección más valiosa que he aprendido es que, como hijos de Dios, hemos heredado la capacidad de aprender, perseverar y superar cualquier desafío. No importa si este proceso toma un día o 50 años. Si somos pacientes y trabajamos con dedicación, recibiremos aquello que realmente merecemos, y estoy segura de que será mucho más extraordinario de lo que jamás pudimos imaginar.

Nada como una gran sandía para alegrar el día de Moroni.

Preguntas para meditar:

1. ¿Qué pasos prácticos podrías tomar ahora mismo para alinearte con la voluntad de Dios?

2. ¿Qué atributos personales crees que podrías fortalecer para confiar más en el tiempo de Dios? (Por ejemplo, paciencia, fe o gratitud).

3. Cuando las cosas no suceden como esperas, ¿cómo reaccionas? ¿Eres capaz de esperar sin frustrarte ni enojarte? ¿Cómo podrías mejorar tu actitud durante los períodos de espera?

4. ¿Puedes identificar ejemplos en tu vida donde, al esperar pacientemente, las bendiciones llegaron de una forma mejor de lo que imaginabas?.

5. ¿Cómo podrías ayudar a otros que están atravesando momentos de espera, compartiendo tu testimonio o brindándoles apoyo?

Pasos para tomar acción:

1. Dedica 10 minutos diarios a leer sobre la paciencia en las Escrituras o en libros inspiradores, reflexionando en cómo puedes aplicarla en tu vida.

2. Practica la paciencia en algo concreto: ya sea esperando en una fila, al manejar en el tráfico o al resolver un conflicto con alguien. Observa cómo reaccionas y busca mejorar cada día.

3. Rodéate de personas o recursos que te inspiren a mantener una perspectiva positiva y a confiar en el tiempo perfecto de Dios.

4. Ora específicamente para que Dios te dé la fortaleza y la paz necesarias para esperar Su tiempo con fe y esperanza.

5. Date tiempo cuando sea necesario para reflexionar sobre tus emociones y exprésalas con sinceridad. Habla con tu familia o con personas de confianza sobre lo que sientes durante los períodos de espera. Compartir tus pensamientos no solo fortalecerá tus relaciones, sino que también te ayudará a encontrar apoyo emocional y claridad espiritual.

CAPÍTULO 5

EL ESFUERZO COMO PARTE DEL PLAN DE DIOS

"Es verdad que ninguna disciplina al presente parece ser causa de gozo, sino de tristeza; pero después da fruto apacible de justicia a los que en ella han sido ejercitados."

- Hebreos 12:11

Desde el principio, Dios nos enseñó que el esfuerzo sería una parte fundamental de nuestra vida. En Génesis 3:19, después de que Adán y Eva fueran expulsados del Jardín del Edén, el Señor dijo: **"Con el sudor de tu rostro comerás el pan hasta que vuelvas a la tierra."** Esta escritura nos enseña la manera en que Dios diseñó el plan para que pudiéramos aprender, crecer y ser fortalecidos a través del trabajo y la perseverancia.

Este principio sigue siendo vigente en nuestras vidas. Nada que realmente valga la pena llega sin esfuerzo.

Dios pudo haber permitido que Adán y Eva continuaran viviendo en un estado de comodidad en el jardín de Edén, pero Su plan era mucho más grande. Quería que ellos (y nosotros) aprendieran por sí mismos a discernir el bien del mal, a superar pruebas, a valorar el fruto de su trabajo, a obtener conocimiento y a confiar en Él en cada paso del camino.

Para obtener conocimiento, realizar un trabajo y superar nuestras pruebas, debemos pagar un precio. Ese precio puede incluir sacrificios, tiempo, energía, esfuerzo físico y emocional, renunciar a la comodidad, autodisciplina y paciencia. A menudo anhelamos que todo sea fácil, pero olvidamos que las bendiciones más valiosas llegan cuando estamos dispuestos a trabajar arduamente. Es en ese esfuerzo donde realmente nos transformamos, superamos obstáculos y aprendemos a valorar lo que hemos logrado.

El sudor de nuestro rostro no es un castigo; es una oportunidad para demostrarnos a nosotros mismos que somos capaces de lograr grandes cosas a través de nuestra dedicación. Al mismo tiempo, es una forma de demostrar nuestra fe y gratitud.

Hebreos 12:6
"Porque el Señor disciplina al que ama, y azota a todo el que recibe por hijo"

La lección del jardinero y el grosellero

Esto me recuerda un video muy especial titulado La Voluntad de Dios, presentado por el Élder Todd Christofferson. Este video puede encontrarse en YouTube o en la página oficial de la Iglesia de Jesucristo de los Santos de los Últimos Días: https://www.churchofjesuschrist.org/?lang=spa

Este video utiliza una hermosa analogía para enseñarnos sobre el propósito detrás de las pruebas y los desafíos que enfrentamos en la vida. Les recomiendo que lo busquen y lo vean.

En el video, se relata la historia de un jardinero que estaba cuidando su jardín y notó un arbusto de grosellas que no producía fruto. Decidió entonces podarlo. Mientras cortaba las ramas, observó cómo de los cortes salían unas pequeñas gotas, casi como si fueran lágrimas, y pudo imaginar al grosellero diciéndole: "¿Cómo puedes hacerme esto? ¿Por qué me haces daño?"

El jardinero respondió con paciencia y amor: "**Yo soy el jardinero aquí. Sé lo que estás destinado a ser, y no quiero que seas solo un arbusto de sombra. Quiero que des fruto, quiero que cumplas con todo tu potencial.**"

Después de un tiempo, el grosellero floreció, creció y produjo abundante fruto. Este ejemplo, aunque sencillo, encierra una gran enseñanza. Así como el jardinero cuida y poda al grosellero para que crezca fuerte y fructífero, nuestro Padre Celestial también nos poda en nuestra vida.

A veces, estas '**podas**' llegan en forma de oposición, pruebas, desafíos, pérdidas o injusticias que nos lastiman. Nos arrebatan aquello que creíamos necesitar, nos sacan de nuestra zona de confort o nos exigen más de lo que pensamos poder soportar.

Es natural preguntarse: **'¿Por qué me está pasando esto? ¿Por qué duele tanto?'**

Sin embargo, debemos recordar que Dios es el jardinero maestro. Él ve nuestro potencial, no como somos ahora, sino como lo que podemos llegar a ser. Él no quiere que seamos simplemente **"arbustos de sombra"**; quiere que demos buen fruto, que alcancemos nuestro máximo potencial como hijos e hijas de Dios.

El mandamiento de **"sed perfectos como vuestro Padre que está en los cielos es perfecto"** (Mateo 5:48) nos recuerda que estamos llamados a desarrollarnos plenamente, a adquirir conocimiento, sabiduría y virtudes que reflejen su divinidad. Y, muchas veces, estas podas son necesarias para eliminar lo que nos limita, y para que por nosotros mismos encontremos poder interior para intentar cosas nuevas, para redefinir nuestra personalidad, y para que logremos todo lo que deseamos.

Este video ha sido un consuelo para mí en momentos difíciles. Cuando he sentido que las pruebas son demasiado pesadas, lo pongo y me ayuda a recordar que todo tiene un propósito, incluso el dolor.

Así como el grosellero fue podado para dar fruto, así somos nosotros. Dios, en su infinito amor, permite que las pruebas nos moldeen, no para herirnos, sino para prepararnos para algo mejor. Al final, las podas nos acercan a Él, nos fortalecen y nos permiten reflejar Su amor y propósito en nuestra vida.

Si todo en la vida fuera fácil, si recibimos todo lo que queremos sin ningún esfuerzo, ¿qué aprenderíamos? ¿Qué carácter desarrollaríamos? ¿Cómo creceríamos?

Cuando algo es difícil y nos esforzamos, ya sea al adquirir una nueva habilidad, convertirnos en expertos en nuestro trabajo o mejorar como personas en nuestras relaciones o en el hogar, ese esfuerzo diario nos transforma. El proceso de buscar, luchar, caer y levantarnos nuevamente nos moldea. Sí, nos cansamos, pero en cada paso desarrollamos fuerza interior, perseverancia y la capacidad de enfrentar los desafíos con optimismo.

Esto se refleja claramente en los deportes. Los atletas sudan, se cansan y, seguramente, en su mente han sentido ganas de rendirse. Tienen días malos y días buenos, pero al llegar a la meta que tanto desean, saben que valió la pena. Esa satisfacción que sienten es el resultado de su esfuerzo y dedicación, y lo mismo aplica en nuestra vida diaria y en los desafíos que enfrentamos.

Al final, este proceso fortalece nuestra autoestima. Nos damos cuenta de que somos capaces de lograr mucho más de lo que imaginábamos, y eso aumenta nuestro sentido de valor y propósito. También mejora nuestra confianza, eleva nuestro ánimo y nos ayuda a tener una mayor capacidad para aprender. Dios nos creó con el potencial de ser fuertes y resilientes, y ese potencial solo se desarrolla cuando enfrentamos oposición y los superamos con esfuerzo y paciencia.

Como dice Romanos 5:3-4: **"Y no sólo esto, sino que también nos gloriamos en las tribulaciones, sabiendo que la tribulación produce paciencia; y la paciencia, carácter probado; y el carácter probado, esperanza."** Este pasaje nos recuerda que cada paso en el proceso de esforzarnos es una bendición, porque construye en nosotros cualidades eternas.

Lo que obtenemos con facilidad puede parecer menos valioso, pero lo que logramos con sacrificio y dedicación se convierte en una fuente de satisfacción y alegría duradera.

El camino de Dios es recto y angosto, y no nos puso en ese camino para que busquemos atajos, sino para que lo recorramos con fe y determinación, confiando en que llegaremos a la meta final con éxito. En el esfuerzo diario se encuentra el secreto de nuestra verdadera fortaleza y nuestra conexión con Él.

En la Biblia hay un relato que quizás muchos de ustedes ya han escuchado: la historia de José, quien fue vendido a Egipto. José tenía hermanos mayores que sentían mucha envidia, coraje y enojo hacia él porque era amado por su padre, quien le había hecho una túnica especial. En Génesis 37:3-4 leemos:

"Y amaba Israel a José más que a todos sus hijos, porque lo había tenido en su vejez; y le hizo una túnica de diversos colores. Y viendo sus hermanos que su padre lo amaba más que a todos ellos, le aborrecían y no podían hablarle pacíficamente."

Sus hermanos, cegados por la envidia, decidieron venderlo como esclavo. Primero planearon matarlo, pero finalmente lo vendieron a unos mercaderes ismaelitas que iban rumbo a Egipto. Engañaron a su padre tomando la túnica de José y manchándola con sangre para hacerlo creer que había sido devorado por animales salvajes. Génesis 37:28 relata este momento:

"Y cuando pasaban los madianitas mercaderes, sacaron ellos a José de la cisterna, y le trajeron arriba, y le vendieron a los ismaelitas por veinte piezas de plata. Y llevaron a José a Egipto."

José, traicionado y afligido, llegó a Egipto, donde fue comprado por Potifar, oficial del faraón. Sin embargo, José mantuvo una actitud positiva y su fe en Dios. En Génesis 39:2-3 dice:

"Mas Jehová estaba con José, y fue varón próspero; y estaba en la casa de su amo el egipcio. Y vio su amo que Jehová estaba con él, y que todo lo que él hacía, Jehová lo hacía prosperar en su mano."

Por su fidelidad y trabajo, Potifar lo nombró mayordomo de su casa, y gracias a José, todo lo que Potifar tenía prosperaba. Pero la esposa de Potifar puso sus ojos en él y deseó acostarse con él. José, siendo fiel a Dios, la rechazó. En Génesis 39:9 leemos su respuesta:

"¿Cómo, pues, haría yo este grande mal, y pecaría contra Dios?"

Enfurecida por el rechazo, la esposa de Potifar lo acusó falsamente de haber intentado deshonrarla, y Potifar, creyendo en su esposa, lo encarceló. José había sido una persona justa, pero enfrentó otra injusticia. Mientras estuvo en prisión, seguramente experimentó tristeza, angustia y desánimo. Podría haberse preguntado: "¿Por qué me ocurre esto si he sido fiel a Dios y he actuado con rectitud?"

Aunque José era humano y probablemente sintió dolor y frustración, no permitió que esas emociones lo consumieran. En lugar de enfocarse en sus circunstancias, confió en Dios y continuó actuando con integridad. En Génesis 39:21 dice:

"Pero Jehová estaba con José, y le extendió su misericordia, y le dio gracia en los ojos del jefe de la cárcel."

Incluso en la cárcel, José se destacó. Fue puesto a cargo de otros prisioneros y continuó demostrando su fe y confianza en

Dios. Interpretó los sueños de dos de los siervos del faraón, el copero y el panadero, prediciendo con exactitud lo que les ocurriría. En Génesis 40:8 José declara:

"**¿No son de Dios las interpretaciones? Contádmelo ahora.**"

Aunque deseaba salir de prisión y era inocente, José esperó pacientemente el tiempo de Dios. Su fe no solo lo sostuvo, sino que también fortaleció su carácter y su confianza en el plan divino. Pasaron los años hasta que el faraón tuvo un sueño que nadie pudo interpretar. Entonces, el copero recordó a José y le habló al faraón de él. En Génesis 41:14-15, José fue llamado para interpretar el sueño:

Entonces Faraón envió y llamó a José, y lo sacaron apresuradamente de la cárcel; y se afeitó, y mudó sus vestidos, y vino a Faraón. Y dijo Faraón a José: **"Yo he tenido un sueño, y no hay quien lo interprete; pero he oído decir de ti que oyes sueños para interpretarlos."**

José explicó que Egipto enfrentaría siete años de abundancia seguidos por siete años de sequía. Dio al faraón un plan para almacenar alimentos durante los años de abundancia. En Génesis 41:38-39, el faraón reconoció la sabiduría de José:

"**¿Podremos hallar a otro hombre como éste, en quien esté el espíritu de Dios? Y dijo Faraón a José: Pues que Dios te ha hecho saber todo esto, no hay entendido ni sabio como tú.**"

El faraón nombró a José gobernador de Egipto. Cuando llegó la sequía, los hermanos de José viajaron a Egipto porque se enteraron de que allí había abundancia. José los reconoció, pero ellos no sabían quién era él. En Génesis 45:4-5, José revela su identidad y los perdona:

"**Yo soy José, vuestro hermano, el que vendisteis para Egipto. Ahora, pues, no os entristezcáis, ni os pese de haberme vendido acá; porque para preservación de vida me envió Dios delante de vosotros.**"

José reunió a su familia, incluyendo a su padre Jacob, y los llevó a Egipto, donde vivieron en la tierra de Gosén. Gracias a su fe, perseverancia y fidelidad, José salvó no solo a su familia, sino también a toda una nación. Génesis 50:20 resume su perspectiva:

"**Vosotros pensasteis mal contra mí, más Dios lo encaminó a bien, para hacer lo que vemos hoy, para mantener en vida a mucho pueblo.**"

¿Recuerdas cuando hablamos de las injusticias en el capítulo anterior? La vida está llena de injusticias, ¿sabes por qué? Porque Dios nos dio a todos la capacidad de escoger entre el bien y el mal. Dios desea que escojamos el bien, porque Él sabe que esto nos brindará poder, protección y bendiciones. Sin embargo, en esta tierra debemos vivir por fe, ya que no podemos recordar el plan de Dios ni verlo con nuestros ojos terrenales.

Dios no puede obligar a las personas a hacer el bien, a tratarnos con justicia o a darnos lo que necesitamos y merecemos. Pero Él siempre está ahí para guiarnos y darnos fortaleza en medio de nuestras pruebas.

La historia de José de Egipto es una de mis favoritas y considero a José como uno de los héroes que más admiro. Su vida nos enseña valiosas lecciones sobre la esperanza, la humildad, la caridad, el perdón, la responsabilidad, la perseverancia, la dedicación, el compromiso y el amor.

De la misma manera, si en tu vida estás rodeada de pruebas difíciles de llevar, y si esas pruebas son causadas por otras personas, recuerda esta promesa: Dios puede transformar incluso las experiencias más dolorosas en bendiciones si confías en Él y si sigues esforzándote cada día.

Preguntas para meditar:

1. ¿Me he encontrado en situaciones difíciles donde las injusticias me han afectado emocionalmente? ¿Cómo he manejado esas situaciones y qué aprendí de ellas?

2. Cuando las cosas se ponen difíciles, ¿tiendes a quejarte o rendirte? ¿O las ves como una oportunidad para esforzarte más y buscar nuevas herramientas?

3. ¿De qué manera puedes fortalecer tu capacidad para elegir el bien, incluso cuando enfrentas desafíos o tentaciones?

4. ¿Qué pasos concretos puedes tomar para transformar las injusticias o dificultades en oportunidades de crecimiento personal y espiritual?

Pasos para tomar acción:

1. Cuando enfrentes un reto, toma un momento para identificar cómo puedes convertir esa dificultad en una oportunidad. Piensa en nuevas herramientas o formas creativas de enfrentarla.

2. Elige una persona o situación que te haya causado dolor y, aunque sea difícil, ora por esa persona y busca en tu corazón la manera de practicar el perdón.

3. Planifica algo tangible que demuestre esfuerzo y perseverancia: un proyecto personal, un hábito que desees cambiar o una meta que quieras alcanzar.

3. Rodéate de personas o recursos que te inspiren a mantener una perspectiva positiva y a confiar en el tiempo perfecto de Dios.

4. Practica la perseverancia día a día. No necesitas hacerlo todo perfecto, solo ser constante. Da pequeños pasos hacia adelante, sin importar cuán insignificantes puedan parecer. Cumple con tus responsabilidades diarias, pero haz un esfuerzo consciente por realizarlas con un corazón alegre y una actitud positiva. Al hacer esto, entrenas tu mente y espíritu para enfrentar los desafíos con mayor fortaleza y optimismo.

CAPÍTULO 6

MINISTRACIÓN DE ÁNGELES

"Entonces se le apareció un ángel del cielo para fortalecerle."

- Lucas 22:43

Uno de los momentos más sagrados que se encuentran en la Biblia es cuando Jesucristo, el Hijo amado de Dios, se ofreció para pagar por nuestros pecados. En ese instante de soledad y agonía, en el jardín de Getsemaní, se arrodilló y oró, diciendo: **"Padre, si quieres, pasa de mí esta copa; pero no se haga mi voluntad, sino la tuya"** (Lucas 22:42). Su oración refleja la entrega perfecta a la voluntad del Padre Celestial, incluso en medio de un sufrimiento inimaginable.

El Primogénito del Padre estaba padeciendo un dolor indescriptible. Ningún padre desea ver a sus hijos sufrir, y el Padre Celestial, siendo todopoderoso, presenció este acto de amor infinito sin intervenir para quitarle el dolor. Sin embargo, en Su amor perfecto, envió a un ángel para fortalecer a Su Hijo amado.

Jesús, siendo sin culpa, libre de pecado y perfecto como Su propio Padre, padeció lo que no merecía. Lo hizo por amor a nosotros, para darnos la oportunidad de ser limpios y merecedores de regresar con nuestro Padre Celestial. Como dice **Isaías 53:5**: **"Mas él herido fue por nuestras rebeliones, molido por nuestros pecados; el castigo de nuestra paz fue sobre él, y por su llaga fuimos nosotros curados."**

Este relato me conmueve profundamente porque Jesucristo, en Su divinidad y perfección, recibió el consuelo y el apoyo de un ángel. Su ejemplo nos enseña que incluso Él, con Su infinito poder, necesitó ayuda en ese momento tan difícil. Esto nos recuerda que no estamos solos en nuestras pruebas; el Padre Celestial también enviará consuelo y fortaleza cuando más lo necesitemos.

A lo largo de mi vida, he escuchado muchas historias sobre la intervención de ángeles. Incluso existen libros y películas que relatan cómo personas han experimentado esa ayuda divina en momentos críticos. Creo firmemente en la existencia de ángeles y en que Dios los envía cada día para fortalecernos.

Cabe aclarar que no todos los ángeles provienen del cielo o del otro lado del velo. También hay ángeles que viven en esta tierra, que caminan junto a nosotros, que residen en nuestro vecindario. Son personas con las que podemos reír, platicar, llorar y compartir nuestra vida cotidiana. Estas personas, llenas de caridad, hacen que el cielo esté más cerca de nosotros y se convierten en ángeles terrenales que, al igual que los ángeles celestiales, bendicen nuestras vidas.

La historia real en la que se basa la película The Cokeville Miracle ocurrió en 1986 en la comunidad de Cokeville, Wyoming. Un hombre y su esposa llevaron una bomba a una escuela primaria con la intención de acabar con la vida de los niños y el personal. Además de su capacidad explosiva, la bomba contenía clavos que actuarían como proyectiles al detonar.

Aquel día, muchos de los niños, siendo creyentes, oraron pidiendo protección. Cuando la bomba explotó, increíblemente, ninguno resultó herido. Días después, algunos niños relataron haber visto ángeles que los llamaban por su nombre y los ayudaban a salir. Al ver fotografías de familiares fallecidos, identificaron a estos ángeles como sus propios abuelos, bisabuelos o parientes. Además, describieron destellos de luz protegiéndolos del fuego.

Si les interesa conocer más sobre este acontecimiento, los invito a ver la película.

Nuestro Padre Celestial conoce nuestras cargas y dificultades, y, cuando más lo necesitamos, nos envía refuerzos, ya sea a través de ángeles visibles o de personas ordinarias que actúan como sus manos en la tierra.

Un testimonio de amor divino

En este libro, comparto muchas historias de nuestra vida con Moroni. Como te he mencionado anteriormente, su condición lo ha llevado a enfrentar numerosos problemas físicos, lo que ha significado innumerables visitas al hospital y noches sin dormir. Una de esas noches me hizo ver que el amor de Dios es real y que siempre se preocupa por nosotros.

Todo comenzó cuando noté que Moroni tenía sangre en su pañal. Aunque sabía que era algo que debía atenderse de inmediato, me negaba a la idea de llevarlo nuevamente al hospital. Mi cuerpo, mi mente, mis ojos, todo estaba al límite. Las constantes desveladas y la carga emocional y física me habían llevado al borde del agotamiento. Y sabía que me esperaba una noche larga e incómoda. Esperé a que mi esposo regresara del trabajo para quedarse con Abby y Mahonri, y entonces llevé a Moroni al hospital.

Como era de esperarse, pasamos horas esperando a que atendieran a Moroni. Además, le sacaron sangre en varias ocasiones, picándolo en diferentes partes porque sus venas eran muy pequeñas, lo que hacía difícil el procedimiento. Lo intentaron varias veces hasta lograrlo. Moroni lloraba mucho, ya que, de estudio en estudio, lo alteraron aún más.

Finalmente, alrededor de las cuatro de la mañana, nos admitieron en un pequeño cuarto del hospital. Nos dijeron que esperarían unas horas antes de realizar estudios más detallados para descartar complicaciones intestinales y averiguar por qué tenía las enzimas de su hígado elevadísimas.

El cuarto era chico, con una cuna elevada y un sillón-cama al lado. Estaba tan agotada que apenas me acosté, caí rendida.

Como ya era habitual, Moroni comenzó a llorar poco después. Mi cuerpo no respondía, aunque mi mente era consciente de que él lloraba. Escuché cómo la enfermera lo arrullaba, con suaves golpecitos en su pecho o espalda, mientras le decía **"sh, sh, sh"** para calmarlo. En mi mente, agradecí profundamente la bondad de esa enfermera que se tomaba el tiempo para consolar a mi hijo. Moroni se tranquilizó, pero al rato volvió a llorar.

"He aquí yo envío mi ángel delante de ti para que te guarde en el camino y te introduzca en el lugar que yo he preparado."

ÉXODO 23:20

Nuevamente, escuché los mismos arrullos, los mismos golpecitos y hasta el rechinido de la cuna al moverse, como cuando mi esposo o yo lo calmábamos en casa. A pesar de que estaba tan cansada, en mi mente pensaba que la enfermera debía estar juzgándome, creyendo que yo era una mala madre por no levantarme. Sin embargo, mi agotamiento era tan grande que, aunque quería atender a mi bebé, no podía hacerlo.

Cuando Moroni lloró por tercera vez y escuché nuevamente a la misma enfermera arrullándolo con el suave sonido de **"sh, sh, sh"**, decidí que ya era suficiente y que debía levantarme. Reuniendo todas mis fuerzas, le dije: **"Ya voy"**. Mientras me levantaba con determinación para calmarlo yo misma, me di cuenta de que no había ninguna enfermera en la habitación. Estaba muy confundida; pensé que quizá la enfermera se había agachado junto a la cuna, así que miré debajo de ella, pero no había nadie. Supuse que había salido del cuarto, así que me asomé al pasillo y me encontré con un largo corredor vacío, sin rastro de nadie por ningún lado.

Otro destello de luz. De repente, una sensación extraña me envolvió, y comprendí algo: no había sido una enfermera. Moroni no estaba en terapia intensiva, por lo que no tenía una enfermera asignada exclusivamente para él, y tampoco había cámaras o monitores para vigilarlo constantemente. En ese momento, supe con certeza que había sido un ángel enviado por Dios para consolar a Moroni y para permitirme descansar.

Ese pensamiento me llenó de gratitud. Sentí cuánto me amaba mi Padre Celestial, al punto de enviar un ángel para cuidar a mi hijo y darme el descanso que tanto necesitaba. Mientras meditaba en esa experiencia, una impresión vino a mi mente acompañada de un sentimiento tan fuerte que me reveló que ese ángel era mi cuñada Lorena, quien había fallecido de cáncer. Sentí que Dios le había permitido venir a ayudarnos, a mí y a Moroni, en un momento de extrema necesidad.

Esa experiencia fue tan dulce y llena de amor que jamás la olvidaré. Los cielos se abrieron para mí esa noche, y sentí con absoluta certeza que Dios siempre estará ahí para mí.

Su amor es infinito, y no importa la situación en la que estemos; si para nosotros es importante, lo mismo es para nuestro Padre Celestial. No hay situación pequeña para Él. Quizá, para los demás, alrededor pueda parecer insignificante, pero para nuestro Creador es igual de importante y valiosa.

La habitación donde un ángel vino a visitarnos.

Quiero compartir otra experiencia muy especial, todas las historias que les relato no vienen en orden cronológico, por eso voy a regresar a cuando Moroni tuvo la cirugía de corazón abierto. Ya les he relatado parte de este evento, pero quiero regresar a un detalle que va relacionado con este tema.

Aquella cirugía fue una de las más largas y difíciles que hemos enfrentado. Mi esposo y yo decidimos no salir del hospital, pues en cualquier momento podrían llamarnos con noticias sobre nuestro hijo. Para pasar el tiempo, comenzamos a caminar por los pasillos del hospital. En el primer piso, hay una pequeña capilla multireligiosa, un lugar de oración con diferentes Escrituras Sagradas y bancas para sentarse o arrodillarse. Había pasado por ese lugar muchas veces antes, ya que conduce a la cafetería, pero siempre lo había encontrado vacío. De hecho, solo una vez recuerdo haber visto a alguien más allí. Sin embargo, esta vez fue diferente.

Entramos a la capilla para orar. Tomamos una Biblia y comenzamos a leer y a pedirle a Dios que cuidara de Moroni, que nos permitiera tenerlo por muchos años más. Mientras estábamos ahí, entró un hombre moreno, vestido de enfermero y con un gafete del hospital, y se paró frente a nosotros decidido a darnos un mensaje. Su actitud era muy amable y acogedora. Comenzó a hablarnos y, de manera espontánea, tomó la Biblia, empezó a leernos varias escrituras. No recuerdo exactamente cuáles fueron esas escrituras ni cuáles fueron sus palabras, pero lo que sí recuerdo era la bondad de esa persona, el profundo conocimiento que tenía de la Palabra de Dios y su deseo de consolarnos a través de las escrituras. Sus palabras eran tan consoladoras y llenas de fe que llenaron nuestro corazón de esperanza y paz. También pudimos sentir el Espíritu de Dios que penetraba en nuestra alma a través de las palabras de esta persona.

Después de un rato, el hombre partió. Cuando mi esposo y yo salimos de la capilla, comenzamos a hablar sobre lo que había ocurrido. Nos sorprendió que alguien se hubiera acercado a consolarnos de esa manera, especialmente un desconocido. Reflexionando, llegamos a la conclusión de que quizás no era una persona común, sino un ángel. No sé con certeza si fue un ángel celestial, pero sí estoy segura de que fue un ángel, ya sea terrenal o celestial, porque trajo consuelo y esperanza a nuestras almas en un momento crítico.

2 Reyes 6:15-17
15 Y se levantó de mañana y salió el que servía al varón de Dios; y he aquí el ejército que tenía sitiada la ciudad, con gente de a caballo y carros. Entonces su criado le dijo: !!Ah, señor mío! ¿Qué haremos?
16 Él le dijo: No tengas miedo, porque más son los que están con nosotros que los que están con ellos.
17 Y oró Eliseo, y dijo: Te ruego, oh Jehová, que abras sus ojos para que vea. Entonces Jehová abrió los ojos del criado, y miró; y he aquí que el monte estaba lleno de gente de a caballo, y de carros de fuego alrededor de Eliseo.

Todas estas experiencias, los relatos de la Biblia y las historias que he escuchado de otras personas llenan mi corazón de esperanza. Ahora que han pasado los años y sigo enfrentando desafíos de salud con mis niños más grandes, estas vivencias me han dado ánimo y me ayudan a sentir seguridad de que, al final, todo saldrá bien. No tengo por qué dudar, ya que mi Padre Celestial me ha brindado demasiadas pruebas de que Su amor es grande y que nunca me soltará.

Por eso he escrito este libro: quiero mostrarte a ti, que estás leyendo estas páginas, que Dios es también tu Padre Celestial. Así como me creó a mí, también te creó a ti; así como piensa en mí, piensa en ti; y así como me ha enviado ángeles a mí, también te los envía a ti.

No tengas miedo, no desmayes. Cree y confía. Deja tu vida en Sus manos y verás que comenzarás a ver la vida con ojos celestiales. Todo empezará a tener más sentido para ti, y con tus ojos espirituales podrás comprender que todo tiene un propósito divino.

Podrás vencer lo que estás enfrentando día con día. Dios te ama, te cuidará y te fortalecerá.

"A veces, como grupo o individualmente, quizás sintamos que estamos alejados de Dios, expulsados de los cielos, perdidos y solos en lugares oscuros y lúgubres. Muchas veces esa angustia la creamos nosotros mismos, pero aun en ese caso, el Padre de todos nosotros nos cuida y nos ayuda. Y siempre hay ángeles que van y vienen a nuestro alrededor, visibles e invisibles, conocidos y desconocidos, mortales e inmortales."

- Jeffrey R. Holland

Preguntas para meditar:

1. ¿Has sentido la presencia de alguien muy especial en tu vida que te ha llenado de tranquilidad, paz y esperanza?

2. ¿Puedes recordar un momento en el que sentiste que Dios envió a alguien en el momento exacto en que lo necesitabas?

3. ¿Cómo ha impactado en tu vida el servicio desinteresado de otras personas?

4. ¿Alguna vez has sentido una impresión o inspiración para ayudar a alguien y luego te diste cuenta de que era justo lo que necesitaba?

5. ¿Cómo podrías estar más atento a las oportunidades de ser un ángel para alguien más?

6. ¿Qué historias de tu vida o de otras personas han fortalecido tu testimonio de que los ángeles están entre nosotros?

7. ¿Has experimentado una paz inexplicable en medio de una prueba, como si fueras sostenido por una presencia celestial?

Pasos para tomar acción:

1. Reconoce a los ángeles en tu vida. Reflexiona sobre aquellas personas que han sido una bendición en tu camino y agradéceles de manera especial.

2. Sé un ángel para alguien más. Realiza un acto de bondad espontáneo, ya sea ofreciendo ayuda, una palabra de aliento o simplemente escuchando a alguien que lo necesite.

3. Presta atención a las impresiones del Espíritu Santo. Muchas veces, Dios nos inspira a ayudar a alguien en el momento exacto en que lo necesita. Aprende a reconocer esas impresiones y actúa con prontitud.

4. Aprende sobre la ministración de ángeles en las Escrituras. Descubre cómo Dios ha enviado ángeles a ayudar a Su pueblo y cómo sigue haciéndolo hoy en día.

5. Comparte tu testimonio sobre los ángeles en la tierra. Si has sentido la ayuda divina a través de alguien, cuéntalo. Tu historia puede fortalecer la fe de los demás.

Capítulo 7

LOS DONES DE DIOS

"Cada uno según el don que ha recibido, minístrelo a los otros, como buenos administradores de la multiforme gracia de Dios."

- 1 Pedro 4:10

Nuestro Padre Celestial, el creador del universo y de nuestro cuerpo, es un ser supremo, todopoderoso, omnisciente y omnipresente. Él lo conoce todo, lo ve todo y su sabiduría es infinita. Es imposible para nosotros comprender por completo Su majestuosidad y gloria, porque Su poder y Su luz están más allá de nuestra capacidad humana.

Como Sus hijos, hemos heredado muchas de Sus cualidades, virtudes e inteligencia divina. Es hermoso reflexionar en cómo Él ha compartido con nosotros parte de Sus dones, talentos y habilidades. Estos dones son una muestra de Su amor infinito por nosotros y una herramienta para ayudarnos a cumplir con nuestro propósito aquí en la tierra.

Nuestro mundo es increíblemente hermoso gracias a la diversidad que existe en él. Todos somos diferentes, y esas diferencias nos hacen perfectos a los ojos de Dios. Cada uno de nosotros ha sido bendecido con talentos únicos que contribuyen a embellecer nuestra vida y la de los demás. Nuestra existencia se enriquece no solo por los dones que poseemos, sino también por los dones que aquellos que nos rodean comparten con nosotros.

Me encantaría compartirles una historia de la Biblia que seguramente muchos ya conocen, y si no, estoy segura de que les encantará. Se trata de una parábola, una de las formas en las que Jesucristo enseñaba importantes lecciones, conocida como La Parábola de los Talentos que se encuentra en Mateo 25:14-30.

Un hombre que iba a emprender un viaje llamó a sus siervos y les confió sus bienes:
- **A uno le dio cinco talentos,**
- **a otro dos talentos,**
- **y a otro uno solo,**

según la capacidad de cada uno.

El talento era una medida de peso y, en este caso, se refiere a una gran cantidad de dinero.

1. **El siervo que recibió cinco talentos** trabajó con ellos y obtuvo otros cinco más.
2. **El que recibió dos talentos** también negoció y ganó otros dos.
3. **El que recibió un talento**, por temor, lo enterró y no hizo nada con él.

Cuando el señor regresó, pidió cuentas a cada uno:

- A los dos primeros les dijo: **"Bien, buen siervo y fiel; sobre poco has sido fiel, sobre mucho te pondré; entra en el gozo de tu señor."**
- Pero al tercero le dijo: **"Siervo malo y negligente."** Lo reprendió por no haber trabajado con lo que se le dio y ordenó quitarle el talento para dárselo al que tenía diez.

Dios nos ha dado talentos, dones y habilidades únicos, de acuerdo con la capacidad de cada uno. Sin embargo, muchos de nosotros aún no hemos descubierto todos esos talentos, y muchos los iremos conociendo a lo largo de nuestra vida.

Cuando estaba embarazada de Moroni, pasé por una etapa muy difícil. Ya había perdido dos embarazos y, con Moroni, mi tercer bebé, las circunstancias eran complicadas. Por temor a que algo saliera mal, tuve que guardar reposo absoluto por varios meses. Esto fue un gran reto. Siempre me he considerado una mujer activa, así que verme limitada físicamente me llenó de frustración.

Para distraerme de esos pensamientos y emociones negativas, le pedí a mi esposo que me comprara unas acuarelas. Nunca había pintado, pero sabía que era algo más ligero y fácil de limpiar. Pensé que sería una actividad adecuada mientras estaba en cama. Mi esposo me compró mis primeras acuarelas, pinceles y una libreta especial para pintar. Comencé haciendo trazos simples, pequeñas flores y algo de caligrafía. Aunque mis dibujos eran torpes y rudimentarios, descubrí que pintar me hacía sentirme diferente. Ese tiempo dedicado a la acuarela me daba una perspectiva nueva cada día, me alegraba y me hacía olvidar mis problemas.

Y a los meses nació Moroni. La vida con un bebé recién nacido y otros niños pequeños es demandante, y como madre no tenía mucho tiempo para dedicarme a pintar tanto. Sin embargo, cada vez que me sentía abrumada o triste, mi esposo me animaba a retomar las acuarelas mientras él cuidaba a los niños. Así, poco a poco, volví a pintar. No era perfecta; mis trazos seguían siendo toscos y mi técnica estaba lejos de ser profesional, pero el simple acto de pintar me daba una sensación de calma y sanación.

En una ocasión, mientras estaba pintando, oí claramente que Dios me hablaba al oído de una forma tan fuerte y sutil al mismo tiempo. Y me dijo: **"Gabby la pintura será una herramienta que te ayudara aliviar tus cargas ya que vendrán momentos muy difíciles en la vida de Moroni."** Son incontables las ocasiones, como durante las cirugías de Moroni, en las que este nuevo don de Dios me salvo, muchas veces llevaba mis acuarelas al hospital. Mientras Moroni dormía, yo pintaba, y eso me ayudaba a sobrellevar el estrés y el miedo.

Desde entonces, la acuarela se convirtió en más que un pasatiempo; se transformó en una forma de sanación para mi alma, un regalo divino que me ha permitido encontrar paz y fortaleza en los momentos más oscuros.

Y ese don no solo me sanó a mí, sino que también se convirtió en una fuente inagotable de actos de servicio. Cuando comencé a hacer mis primeras pinturas, practicaba mucho, y en mi casa no había suficiente espacio para guardar tantos cuadros. Por eso decidí empezar a regalar muchas de mis obras. Cada vez que me enteraba de alguien que estaba pasando por un momento difícil, les hacía flores, les escribía citas inspiradoras, o incluso dibujaba las manos de Jesucristo. En varias ocasiones, cuando una amiga o conocida perdía a un ser querido, creaba una imagen de Jesucristo junto a esa persona, ambos vestidos de blanco.

Sé con certeza que estas obras llenaron de esperanza a las personas a quienes se las regalé. Y eso me llenó de mayor felicidad: saber que mi talento podía compartirse con otros, y que lo que yo hacía tenía el poder de consolar corazones afligidos y brindar un poco de luz en medio del dolor.

Con la práctica, he podido mejorar cada día. Cuando miro mis primeras pinturas, me doy cuenta del progreso que he logrado.

Decidí participar en el concurso de arte de la Feria del Estado de Texas y, sin esperarlo, quedé en segundo lugar en la categoría de acuarela still life en el año 2023. En 2024 volví a participar y obtuve una mención honorable.

He sido testigo de que la promesa de las Escrituras es verdadera: Dios multiplica nuestros dones cuando los ponemos en práctica. Y no solo eso, sino que Él también pone los medios para que podamos desarrollar nuestros talentos.

Uno de esos medios tangibles fue cuando a nuestra iglesia llegó un matrimonio de edad avanzada que venía de Argentina. Cuando se presentaron, me enteré de que él era un pintor profesional y que tenía muchas de sus obras en el Museo de Arte Bíblico de Dallas, Texas. Me pareció impresionante, ya que yo comenzaba a interesarme en el mundo del arte. Con el tiempo, fuimos conociendo a Jorge y Miriam Cocco. Cada domingo los visitábamos en su casa, donde había varios espacios llenos de arte terminado y otros proyectos por concluir. No solo me asombró su maravilloso arte, sino también la humildad, sencillez y el amor que tienen por sus semejantes.

Recuerdo muchas veces que, al llegar a su casa, Moroni inmediatamente corría a sus estudios, tomaba las brochas y quería pintar; yo corría para quitarle las brochas de la mano y evitar que arruinara las pinturas, pero Jorge Cocco siempre me decía: **"Déjalo que pinte"**, permitiéndole usar sus brochas de la manera que él deseaba. Hubo momentos en que se acercaba a sus cuadros ya terminados y jamás se molestaba. Debido a esto, forjamos una linda amistad. Yo le mostraba mis pinturas torpes y él me daba consejos. En una de esas visitas, Jorge me dijo: **"El maestro llega cuando el alumno está listo. Y tú, estás lista."** También me reafirmó que él no había llegado a nuestra iglesia por casualidad; estaba seguro de que Dios había unido nuestras vidas y que él podía darme clases, ofreciéndose a enseñarme algunas técnicas. Esto nos llevó a tener pláticas muy interesantes sobre el Evangelio de Jesucristo y el arte.

Él ha sido mi mentor, ya que me ha inspirado a seguir adelante y a no rendirme. Su generosidad y amor me hicieron sentir el amor de Dios. No solo Dios me estaba dando un don, sino que me mostraba el camino para avanzar. Los animo a descubrir sus obras de arte, que son bellas y únicas. Pueden visitar su página de internet: https://jorgecocco.com/.

Jorge Cocco Santángelo es un artista reconocido internacionalmente, famoso por su estilo "sacrocubismo", donde combina el cubismo con temas religiosos. En 2021, su arte fue seleccionado para aparecer en la edición especial de sellos de Navidad del Royal Mail del Reino Unido, lo que representa un gran reconocimiento a su talento y visión artística. Su trabajo ha sido exhibido en galerías y colecciones privadas en todo el mundo, y su influencia sigue creciendo dentro del arte sacro contemporáneo.

Este relato es solo una muestra de los muchos dones que Dios le ha dado a sus hijos, Muchas personas tienen el don de la música y esto es un bálsamo sanador que alivia el alma y toca corazones. Otros quizá tengan el don de cantar, de llenar espacios con melodías que traen paz y esperanza, o el talento de componer canciones que inspiran y conectan a las personas de maneras profundas.

Algunos tienen el don de cocinar con tanto amor que, al compartir sus platillos, no solo alimentan el cuerpo, sino que llenan de calidez y alegría el alma de quienes los prueban. Hay quienes poseen el talento para trabajar con sus manos, creando obras que embellecen el mundo, o el don de la fuerza, que usan para ayudar a otros, ya sea levantando cargas físicas o brindando apoyo en momentos difíciles.

Otros tienen el don de escuchar, y qué maravilloso regalo es ese. Saber escuchar con atención y empatía es un acto de amor, porque permite que las personas se sientan comprendidas, aliviadas y valoradas. Es un don que no solo sana a quien habla, sino también fortalece la conexión entre corazones.

Hay quienes poseen el don de motivar, de inspirar a los demás a avanzar, a levantarse cuando sienten que ya no pueden más. Estas personas son como faros que iluminan el camino, recordándonos que siempre hay esperanza y que podemos alcanzar cosas grandes cuando tenemos a alguien que cree en nosotros. Son los amigos, los familiares o incluso los desconocidos que con una palabra o un gesto nos impulsan a ser mejores.

Toda buena dádiva y todo don perfecto desciende de lo alto

Santiago 1:17

El don de sonreír y ser alegre es un regalo maravilloso. Hay personas con una energía tan contagiosa, con un carisma tan natural, que logran levantarnos el ánimo con sus ocurrencias, chistes y palabras llenas de alegría.

Estoy agradecida por mi esposo Jorge porque sabe escucharme con paciencia y amor. Su capacidad para ponerse en el lugar de los demás es algo que admiro profundamente. Tiene un don especial: pensar en las necesidades de otros antes que en las suyas. Siempre encuentra la manera de motivarme a perseguir mis sueños ayudándome con los niños, de las tareas del hogar, o de lo que fuera necesario, sin quejarse para que yo pueda pintar. Ese don de entrega y caridad que él tiene me inspira. Es un reflejo del amor puro, ese amor que se da sin esperar nada a cambio, y que nos recuerda lo hermoso que es tener personas en nuestras vidas que nos apoyan incondicionalmente.

Cada talento tiene un propósito especial y un impacto único. Cuando compartimos nuestros dones con los demás, no solo enriquecemos sus vidas, sino también la nuestra, creando conexiones más profundas y reflejando el amor y la generosidad de Dios.

Quizá estés pensando que tú no tienes ninguno de estos dones. Sé que no mencioné todos, porque hay muchos, y te animo a descubrirlos, a desarrollarlos, a compartirlos, y encontrarás una fuente inextinguible de paz y fortaleza.

Y si aún sigues creyendo que no tienes muchos dones, talentos o habilidades, te invito a pedirle a Dios en oración que te muestre el camino y te ayude a desarrollar los talentos que deseas tener.

Me he dado cuenta de que, a través de los años, y sobre todo en medio de la adversidad y los retos diarios de la vida, he podido aumentar mis dones y habilidades. Muchas personas me preguntan si hay algo que no sepa hacer. Me causa gracia, porque claro que hay cosas que no puedo hacer, pero también digo con firmeza que sé hacer muchísimas cosas.

Me encanta aprender e intentar siempre cosas nuevas, sobre todo cuando es para el beneficio de mi familia y de quienes me rodean. Lo hago con mucho ánimo y perseverancia.

Dios nos ha dado estos regalos para nuestra felicidad, pero hay una advertencia, si los enterramos, si no los usamos, y si no los compartimos, Dios nos lo quitará y perderemos ese canal que nos traerá gozo.

En una ciudad europea, durante la Segunda Guerra Mundial, una estatua de Jesucristo fue severamente dañada. Después de que la guerra terminó, los ciudadanos decidieron repararla. Lograron reconstruirla casi en su totalidad, pero las manos estaban tan destrozadas que no fue posible restaurarlas.

En lugar de intentar reemplazarlas, los habitantes decidieron dejar la estatua sin manos y colocaron una placa en la base que decía: **"Nosotros somos Sus manos"**. Este detalle simboliza una poderosa verdad: como seguidores de Cristo, somos llamados a ser Sus manos en la tierra, ayudando a los demás y continuando Su obra.

Los dones son regalos celestiales que debemos abrir con gozo y gratitud. Al recibirlos, debemos abrazarlos y conservar en nuestra mente y corazón el amor con el que fueron dados. Estos dones no solo son para nuestro beneficio, sino también para bendecir y enriquecer la vida de los demás. ¡Aprovéchalos con propósito y comparte su luz!

1 Corintios 12:4-11

"Ahora bien, hay diversidad de dones, pero el Espíritu es el mismo. Y hay diversidad de ministerios, pero el Señor es el mismo. Y hay diversidad de operaciones, pero Dios, que hace todas las cosas en todos, es el mismo.

Pero a cada uno le es dada la manifestación del Espíritu para provecho. Porque a este es dada por el Espíritu palabra de sabiduría; a otro, palabra de ciencia según el mismo Espíritu; a otro, fe por el mismo Espíritu; y a otro, dones de sanidades por el mismo Espíritu.

A otro, el hacer milagros; a otro, profecía; a otro, discernimiento de espíritus; a otro, diversos géneros de lenguas; y a otro, interpretación de lenguas. Pero todas estas cosas las hace uno y el mismo Espíritu, repartiendo a cada uno en particular como él quiere."

Preguntas para meditar:

1. ¿Puedes identificar los dones que has recibido de Dios?

2. ¿Estás utilizando tus dones y talentos para tu beneficio y para bendecir a los demás?

3. ¿Cómo ha transformado tu vida el adquirir nuevas habilidades?

4. ¿Crees que con esfuerzo y dedicación puedes desarrollar aún más habilidades y talentos?

Pasos para tomar acción:

1. Si aún no sabes cuáles son tus talentos o dones, dedica tiempo a la introspección. Pregúntate cuáles actividades disfrutas y se te facilitan, ya que a menudo esas son pistas de tus talentos.

2. Ora al Padre Celestial, pidiéndole que te guíe y te ayude a identificar los dones que Él te ha concedido.

3. Si ya has identificado tus talentos, haz una lista de acciones concretas para perfeccionarlos. Recuerda que, al compartir y dar de tus talentos, recibirás aún más.

4. Habla con amigos, mentores o familiares y pregúntales qué virtudes o habilidades ven en ti. Una vez que las identifiques, dedica más tiempo y esfuerzo a desarrollar esas habilidades.

5. Busca oportunidades para usar tus talentos en el servicio a los demás. Al hacerlo, no solo bendecirás a otros, sino que también encontrarás mayor propósito y satisfacción en tu vida.

Capítulo 8

GRATITUD: LA CLAVE PARA VER NUESTRAS BENDICIONES

"Dando siempre gracias por todo al Dios y Padre, en el nombre de nuestro Señor Jesucristo."

- *Efesios 5:20*

Quiero comenzar este capítulo con una analogía muy popular, pero que tiene mucho que enseñarnos. Estoy segura de que la has escuchado antes: la analogía del vaso de agua.

Te la muestro en la página siguiente para que contestes la siguiente pregunta:

¿Cómo ves el vaso de agua? ¿Lo ves medio lleno o lo ves medio vacío?

medio vacío
medio lleno

Algunas personas lo ven medio vacío, mientras que otras lo ven medio lleno.

No existe una respuesta correcta; todo depende de lo que deseas percibir.

La manera en que respondemos a los desafíos y oposiciones en nuestra vida depende en gran medida de cómo decidimos interpretarlos. Todo radica en nuestra perspectiva. Puedes elegir enfocarte en una vida llena de gratitud y felicidad, apreciando lo que tienes, o permitir que la tristeza y las carencias tomen el control.

La elección está en tus manos. ¿Qué perspectiva decides adoptar hoy?

Los desafíos pueden parecer insuperables, pero también pueden ser vistos como oportunidades difíciles, pero llenas de aprendizaje y crecimiento. En cada situación de la vida, tienes el poder de encontrar luz o de quedarte en la oscuridad. La elección siempre está en tus manos.

La gratitud es una llave poderosa que abre sentimientos de alegría, esperanza y ánimo. Es fácil hacer listas interminables de lo que no tenemos, de lo que nos falta o de los problemas que enfrentamos. En mi caso, podría enumerar todas las dificultades que mi hijo Moroni ha atravesado desde que nació: enfermedades, cirugías y limitaciones físicas. Hay tantas cosas que él no tiene y que otros niños sí disfrutan.

También podría hacer una lista larga de todo lo que Moroni sí tiene. Algunas de sus bendiciones son: una mamá y un papá que lo aman y cuidan, unos hermanos traviesos que lo alegran y lo incluyen en actividades que, a veces, él no puede hacer solo. Tiene amigos donde quiera que vaya, un cuerpo que, aunque débil y a veces torpe, le permite realizar sus actividades diarias. Puede ver, comer, respirar y tiene una sonrisa que llena de ternura y alegría a los que están cerca de él.

Además, ha contado con especialistas dedicados que se preocupan por su bienestar, terapias avanzadas que lo han fortalecido y terapeutas que, a través de los años, le han enseñado a moverse mejor y a alimentarse. Lo llevaron al límite porque sabían que él podía lograrlo, y la entrega y el amor con los que lo hicieron fueron invaluables. Agradezco a cada una de ellas por haber marcado la diferencia.

Moroni también cuenta ahora con maestras llenas de empatía que le enseñan con mucha paciencia, y con una escuela especializada para sordos, diseñada específicamente para sus necesidades y ubicada cerca de nuestra área.

¿Y por qué Moroni asiste a una escuela para sordos? Déjame contarte esta historia.

A medida que Moroni crecía, se le fueron sumando nuevos diagnósticos, y simplemente los asumíamos como parte de lo que nos tocaba enfrentar como familia. Aproximadamente a los cinco meses, a Moroni le detectaron una pérdida de audición de moderada a severa y permanente en el oído izquierdo.

Recuerdo haber pensado en muchos escenarios difíciles a los que mi hijo podría enfrentarse siendo sordo. Comencé a imaginar que mi familia no pudiera comunicarse con él, que estaría aislado de todos y que sentiría mucha frustración al no poderse comunicar. Pero decidí cambiar esos pensamientos y enfocarme en todo lo que tenía que agradecer. Después de todo lo que había enfrentado desde bebé, esta noticia era simplemente otro reto más. Me explicaron que sería importante que Moroni y nuestra familia comenzáramos a aprender lenguaje de señas, ya que esta sería una herramienta esencial para su desarrollo y comunicación futura. Curiosamente, lejos de desanimarme, me sentí agradecida. Mi gratitud se convirtió en una fuerza muy importante para mantenerme animada y con el deseo de aprender. Agradecía a Dios por habernos permitido detectar el problema a tiempo, por la existencia de un método eficaz como el lenguaje de señas que nos permitiría comunicarnos con él, y por las oportunidades que aún teníamos de ayudarlo en su desarrollo del habla, aunque fuera por un camino diferente del ue la mayoría recorre.

En agosto de 2021, Moroni tenía 10 meses y ese día recibiría su aparato auditivo. Recuerdo vívidamente cuando la audióloga nos preguntó: **"¿Están listos para grabar?"** Ella ya tenía listo el aparato y me pidió que se lo colorada en su oído.

Me encantaría que vieran su reacción porque fue un regalo del cielo. Si quieres experimentar ese momento, puedes buscar el video en las redes sociales escribiendo en la lupa: "Moroni escuchando todos los sonidos". Verás a un bebé en una carriola y ese es mi

GRATITUD: LA CLAVE PARA VER NUESTRAS BENDICIONES

Moroni. Al final del libro, te dejaré un código QR que podrás escanear con la cámara de tu teléfono. Al hacerlo, te aparecerá un enlace con videos de ciertos momentos que menciono en este libro.

En palabras es difícil describir lo que ocurrió, pero intentaré hacerlo lo mejor posible. Cuando le colocamos el aparato auditivo, Moroni estaba balbuceando. La audióloga lo encendió a través de su computadora, y en ese instante, Moroni abrió sus ojos enormemente. Fue evidente que escuchó sus propios sonidos, y de inmediato comenzó a reír. Su reacción fue tan tierna porque se veía genuinamente sorprendido de poder escuchar con mayor claridad.

Fue otro momento de luz. Mi corazón se llenó de gratitud al saber que ahora, con la ayuda de su aparato, podía escuchar mejor.

Quiero agregar que, para ayudarlo, hasta aprendí a hacer unos gorritos especiales que evitaban que se quitara el aparato. A veces lo jalaba y lo aventaba, pero con los gorritos era más fácil mantenerlo en su lugar. ¡Cada pequeño esfuerzo valió la pena!

También agradezco profundamente que nos refirieran a una terapeuta auditiva, quien venía a nuestra casa cada semana. Ella no solo trabajaba con entusiasmo con Moroni, que aún era muy pequeño, sino que también se enfocaba en enseñarnos a mí y a mi familia. Cada semana aprendíamos nuevas señas que se convertirían en parte de nuestra rutina diaria.

No me centré en lo que él no tenía, sino en todas las bendiciones que estábamos recibiendo: la oportunidad de comunicarnos, la tecnología, los especialistas y, sobre todo, su vida.

Con el tiempo, esa experiencia nos llenó de satisfacción y motivación para seguir aprendiendo el lenguaje de señas. A medida que Moroni creció, pudo integrarse a la educación para sordos, donde la mayoría de sus maestros utilizan el lenguaje de señas.

Ha sido muy enriquecedor conocer a personas con diferentes desafíos, lo que nos ha inspirado a ser más inclusivos y a continuar perfeccionando este valioso lenguaje.

Hace más de un año, cuando Moroni tenía aproximadamente tres años, se sometió a otro examen de audición bajo sedación, aprovechando que le realizarían otra cirugía. Querían verificar si su audición había empeorado. Desde el diagnóstico inicial, los médicos nos habían advertido que su audición iría deteriorándose con el tiempo hasta llegar a estar sordo completamente.

Aunque oraba para que no ocurriera, también reafirmaba mi compromiso con Dios de aceptar cualquier nuevo diagnóstico de Moroni.

"La gratitud es la esencia misma de la adoración. ... Cuando caminas con gratitud, no caminas con arrogancia, vanidad ni egoísmo; caminas con un espíritu de agradecimiento que te engrandece y bendecirá tu vida."

- Gordon B. Hinckley

Como familia, estábamos preparados para seguir adelante, confiando en el lenguaje de señas como nuestra herramienta principal de comunicación si llegara a ser necesario.

Cuando salió la audióloga que realizó el examen, me dio un resultado que no esperaba: **"Moroni no tiene pérdida de audición"**. Sorprendida, le pregunté: **"¿Qué me estás diciendo?"**. Ella me confirmó: **"La audición de ambos oídos es normal"**. En ese momento, no pude contener las lágrimas. Fue una emoción indescriptible porque, aunque nunca le pedí a Dios que mi hijo recuperara su audición, Él nos había dado este regalo inesperado.

Yo ya había aceptado nuestra situación, e incluso estaba agradecida por cómo nos había unido como familia y nos había llevado a aprender cosas nuevas.

Al verme tan emocionada, la doctora agregó: **"Quiero que sepa que su audición es fluctuante; puede que en el futuro la pierda completamente, pero, por ahora, no necesita un aparato auditivo"**. Esa advertencia no cambió mi felicidad. Con o sin audición, Moroni es profundamente amado, y siempre haremos nuestro mayor esfuerzo para comunicarnos con él.

Actualmente, Moroni sigue escuchando bien y ya no utiliza su aparato auditivo. Esto ha sido un milagro para nuestra familia y para todos los que lo rodean. Por eso, la gratitud es una pieza clave en nuestra vida. Es la base de nuestra confianza en el plan de Dios y de nuestro amor hacia Él.

No quiero que esta experiencia se interprete de forma incorrecta. Ser agradecidos no significa que se nos concederán todos los milagros que deseamos. No sé por qué a mi hijo se le concedió escuchar nuevamente, pero estoy profundamente agradecida por haber recibido algo que jamás imaginé que sería posible.

Sin embargo, quiero confirmar que, si Moroni hubiera seguido con su problema de audición, mi gozo y alegría serían los mismos. Esto es porque hemos recibido otras bendiciones a lo largo del camino, y esas bendiciones también las podemos ver y palpar.

La gratitud no depende de los milagros que esperamos, sino de reconocer la mano de Dios en cada detalle de nuestra vida.

El otro día, mientras manejaba hacia casa, llovía ligeramente y había mucho tráfico. Apenas avanzábamos, y yo iba sumida en mis pensamientos, distraída, hasta que me di cuenta de que no podía ver bien hacia adelante. Las gotas de lluvia en el parabrisas hacían que mi visión fuera borrosa. No podía avanzar con seguridad, así que, de inmediato, encendí el limpiaparabrisas. En cuestión de segundos, todo se aclaró: los carros, las luces y el camino se hicieron nítidos, permitiéndome avanzar con confianza.

Esta experiencia me llevó a reflexionar. Me di cuenta de que, cuando permitimos que sentimientos como el orgullo, el enojo, la desconfianza o las quejas por nuestras circunstancias se acumulen, es como si cada una de esas **"gotas"** nublara nuestra visión. Poco a poco, esos sentimientos empañan nuestra perspectiva y nos impiden ver con claridad el camino que tenemos frente a nosotros. En ese estado, nos invaden el temor y la incertidumbre.

Sin embargo, si somos lo suficientemente humildes, podemos **"encender el limpiaparabrisas"** de la gratitud. En cuestión de segundos, el agradecimiento despeja nuestra visión y nos permite reconocer las maravillas que ya están presentes en nuestra vida.

"Den Gracias en todo porque esta es la voluntad de Dios para ustedes en Cristo Jesus"

1 Tesalonicenses 5:18

Solo necesitamos la fe suficiente para activarlo y comenzar a ver con claridad nuevamente.

Me siento profundamente agradecida por mis amigos, conocidos, familiares y todas las personas desconocidas alrededor del mundo que, sin conocerme en persona, han orado por mí, por Moroni y por mi familia. Sé que lo han hecho porque, a lo largo de todos estos años, he recibido mensajes y comentarios en mis redes sociales. Son miles y miles de personas quienes han levantado oraciones, y muchas veces no solo son mis seguidores, sino también amigos o conocidos de ellos. Incluso me he enterado de que congregaciones completas de diferentes religiones se han unido en oración en diversas etapas cuando Moroni enfrentaba problemas de salud. También sé que personas conocidas han hablado de Moroni a sus jefes, compañeros de trabajo, amigos y familiares.

Mi corazón rebosa de gozo y humildad al ser partícipe de tanta bondad y amor hacia mí y mi familia. Si tú eres una de esas personas de las que estoy hablando, **¡te doy gracias! ¡Gracias de todo corazón!**

La bondad de Dios la veo reflejada en todos estos actos de amor. Quiero agregar que, cada vez que enfrentamos un nuevo diagnóstico o simplemente cuando necesitamos ayuda adicional, siempre pido en mis redes sociales que oren por nosotros, porque he visto cómo cada oración es contestada. Son incontables las veces que, cuando siento que ya no puedo más, sus oraciones me fortalecen y siento un nuevo poder para continuar.

Permítanme compartirles una breve historia. ¿Recuerdan que les mencioné que Moroni pasó una noche en el laboratorio del sueño? Bueno, durante ese estudio, tuvieron que conectarle más de 50 cables en la cabeza, además de otros en los pies, manos, cintura y, al final, en la nariz, junto con cintas cerca de la boca. La enfermera comenzó a colocar los cables en su cabeza, y ya se podrán imaginar el escándalo. Moroni comenzó a gritar y a moverse con desesperación.

Cuando veo a Moroni sufrir, trato de mantenerme tranquila, pero por dentro, mi corazón se hace pedazos. Quizá no lo estaban lastimando físicamente, pero el nivel de sensibilidad de Moroni es sumamente elevado, y él realmente estaba sintiendo algo muy fuerte.

La enfermera me dijo: **"Si su hijo no se calma, voy a tener que amarrarle las manos detrás de la espalda toda la noche."** Cuando escuché esas palabras, sentí una mezcla de enojo y sufrimiento. Sabía que Moroni necesitaba este estudio, y si lo cancelaba, tendríamos que esperar meses para conseguir otra cita. No podía discutir con ella, así que solo dije: **"No lo vas a amarrar; yo lo voy a sostener."**

Fue extremadamente difícil sujetar el cuerpo de Moroni, pero lo logré. La enfermera consiguió ponerle todos los cables, pero lo peor llegó cuando se acercó a su boca para colocarle el tubo en la nariz. Una vez que la enfermera salió de la habitación, rompí en llanto. Quería gritar por la frustración porque veía a Moroni tan desconsolado, pero me arrodillé y le pedí ayuda a Dios. Además, envié mensajes a mi familia y les pedí que oraran por Moroni, para que pudiera calmarse y no tuvieran que amarrarlo. También mandé mensajes a varios amigos.

Pasaron unos 30 minutos, y de repente, Moroni se quedó dormido. Y no solo eso, ¡durmió toda la noche sin moverse!

Moroni siempre se mueve muchísimo mientras duerme, pero esa vez se quedó quieto, completamente derecho.

Por eso, quiero agradecerles a todas las personas que nos han tenido en sus oraciones. Gracias por sus palabras, su fe y su amor hacia nosotros. ¡Dios los bendiga!

A mis niños trato de inculcarles la gratitud y enseñarles a valorar lo que Dios y nosotros, como padres, les damos. Escuché un discurso de Bonnie D. Parkin sobre la gratitud, donde ella compartía la historia de una madre que decidió escribir cada día razones por las cuales estaba agradecida. Me pareció una idea maravillosa, así que decidimos ponerla en práctica en nuestra familia.

Colosenses 4:2
"Perseverad en la oración, velando en ella con acción de gracias."

Cada noche, antes de orar y acostarlos, nos sentamos juntos al borde de la cama y les pregunto: **"¿Por qué estás agradecido hoy?"** Cada uno menciona algo, y realmente me ha impactado la reacción de mis hijos. Regularmente, mi hijo Mahonri no solía decir nada, pero al repetir esta práctica cada noche, él comenzó a mencionar una y otra cosa. A veces, cuando quiero pasar a Abby, me dice: **"Mamá, no he terminado,"** y sigue enumerando más cosas por las que está agradecido.

Llevamos un registro de todo en una libreta, anotando cada agradecimiento. Incluso volteo para ver a Moroni y le pregunto: **"¿Y tú, Moroni, de qué estás agradecido?"** Aunque él no puede hablar, comienza a hacer ruidos y sonidos que muestran su participación. Es un momento tierno y conmovedor.

Espero que al finalizar el próximo año podamos sacar esa libreta y leer juntos todo lo que hemos agradecido durante estos meses. Estoy segura de que será una experiencia hermosa y un recordatorio del amor y las bendiciones que Dios nos ha dado.

Quiero compartirles algunas de las cosas que hemos anotado en nuestra libreta de gratitud. Aunque algunas parezcan muy simples, realmente han sido una gran bendición.

Por ejemplo, cuando comenzó este ciclo escolar 2024-2025, mi hijo Mahonri pasó unos cinco meses diciendo que ir a la escuela era lo peor. Cada mañana repetía que no quería ir y afirmaba que los sábados y domingos eran sus días favoritos porque no tenía que asistir a clases. Su actitud llegó a preocuparme, así que pusimos manos a la obra. Nos reunimos con nuestra psicóloga favorita e hicimos algunos ajustes en nuestra rutina.

Un día, hace unas semanas, Mahonri dijo: **'Doy gracias por haber ido a la escuela'**. Cada una de estas cosas, por más pequeñas que parezcan, son bendiciones muy valiosas para nosotros.

Papá:
- Porque tuvo una venta a pesar de no haber trabajado tanto.
- Por los buenos amigos que la vida le ha dado.
- Por tener familia cerca.

Mamá:
- Por la salud de Moroni, Abby y Mahonri.
- Por haber tenido un día tranquilo en casa.
- Por mi mamá, que me ha ayudado a editar mi libro.
- Por los deliciosos nopales que hizo mi suegra.

Abby:
- Por sus mascotas, Peluche y Maya.
- Porque mamá sabe escucharla.
- Porque tiene una recámara… ¡que no está incendiada!
- Por haber hecho feliz a la gente cantando en el coro de la escuela.

Mahonri:
- Por tener muchos talentos.
- Por su hermanito Moroni.
- Por haber ido a la escuela.
- Por tener comida, una casa, un cuarto, juguetes y un columpio.

Moroni:
- Por papá y mamá.
- Por leche y quesadillas.

Preguntas para meditar:

1. ¿Das gracias con regularidad a las personas que te rodean y a Dios?

2. ¿Eres humilde al reconocer que todo lo que recibes y tienes viene de Dios?

3. ¿Tu corazón se llena de alegría por las cosas pequeñas que ocurren diariamente?

4. ¿Te enojas con facilidad porque no tienes lo que otros tienen?

5. ¿Tiendes a compararte con otros y a comparar los recursos, la familia, los talentos o las habilidades de los demás?

Pasos para tomar acción:

1. Anota en una libreta cada día algo por lo que estás agradecido. Dedica unos minutos diarios para reflexionar sobre las bendiciones que has recibido.

2. Haz una oración de gratitud sin pedir nada a cambio. Enfócate solo en agradecer a Dios por todo lo que tienes.

3. Observa la gentileza y los actos de servicio que otros hacen por ti y reconócelos. No dejes pasar la oportunidad de agradecerles por su apoyo.

4. Cuando te sientas frustrado, respira profundamente y busca el lado bueno de las cosas. Esto te ayudará a cambiar tu ánimo y perspectiva.

5. Realiza un acto de gratitud. Escribe una nota, haz una llamada o realiza una acción que demuestre tu agradecimiento a alguien en tu vida.

CAPÍTULO 9

LOS MACRONUTRIENTES ESENCIALES PARA EL ALMA

"Amado, yo deseo que tú seas prosperado en todas las cosas, y que tengas salud, así como prospera tu alma."

- 3 Juan 1:2

Los macronutrientes son los componentes principales de nuestra alimentación: proteínas, carbohidratos y grasas. Estos nutrientes nos proporcionan la energía y los elementos necesarios para que nuestro cuerpo funcione correctamente. Cada uno tiene un papel importante en nuestra salud, como reparar tejidos, mantener el equilibrio hormonal y suministrar energía para nuestras actividades diarias.

De la misma manera, nuestro espíritu requiere "nutrientes" como la fe, la gratitud, la esperanza y el amor. Muchas personas me han preguntado por qué siempre sonrío, cómo logro encontrar tiempo para hacer tantas cosas y cómo tengo tanto ánimo para cumplir con mis responsabilidades. Es cierto que siempre trato de estar alegre, pero si he llorado, he gritado y me he caído una, otra y muchas veces más. Pero lo que me hace fuerte y resiliente, lo que me llena de felicidad, es que, después de cada caída, me he levantado. Muchas veces, con lágrimas en los ojos y un corazón agotado, pero siempre con el deseo de seguir adelante.

En este capítulo, quiero compartir contigo las cosas que hago para encontrar felicidad y mantenerme positiva, incluso en mis momentos más bajos. Estas prácticas las considero los **"macronutrientes esenciales"** para el alma. Estos hábitos me han ayudado física, emocional y espiritualmente, y deseo compartirlos contigo con la esperanza de que también te ayuden a mantenerte firme durante los momentos de prueba.

Un Canto del Corazón

"Hablando entre vosotros con salmos, con himnos y cánticos espirituales, cantando y alabando al Señor en vuestros corazones." - Efesios 5:19

El primer macronutriente esencial para el alma del que quiero hablar es la música, pero me refiero a la música edificadora, como himnos, cantos y alabanzas. La música ha sido un refugio en mis días más oscuros. Hay canciones que inspiran, que consuelan, que levantan el ánimo. A veces, una melodía puede hacer que las lágrimas fluyan, y con ellas, las emociones acumuladas que necesitamos soltar. La música tiene un poder increíble para sanar el alma.

A menudo me he dado cuenta de que mi espíritu se conecta profundamente con la música. Hay algo especial en las canciones que tienen el poder de calmar el alma, elevar el ánimo y llevarnos a un lugar de introspección y conexión. He descubierto que hay ciertas canciones que resuenan tan profundamente conmigo que se han convertido en más que simples melodías. Estas canciones son como himnos personales, oraciones cantadas que expresan lo que a veces las palabras no pueden.

Ciertas canciones han sido una forma de comunicarme con Dios de una manera única. A menudo, mientras las escucho o las canto, siento que mi alma se abre, y encuentro fortaleza y consuelo. Es como si Dios usara la música para hablarme directamente, para recordarme que no estoy sola, que Él está conmigo en todo momento.

También he descubierto que las canciones pueden ser una forma de alabanza, de gratitud y de oración. Hay letras que parecen haber sido escritas específicamente para mí, para mi situación, para mis luchas y mis victorias.

Como te mencioné anteriormente, he descubierto que la música cambia mi estado de ánimo en un instante. Últimamente, me encanta correr largas distancias, y paso más de una hora corriendo. ¿Sabes qué hago durante ese tiempo? Escucho una de mis listas de reproducción favoritas y siento que me desconecto del mundo. Estas canciones me llenan de alegría, paz y renovada energía, lo que me permite enfrentar el día con una perspectiva más brillante y positiva. Te quiero compartir mi lista de reproducción para que puedas escucharlas, solo escanea el código. En esta lista hay canciones cristianas, himnos y alabanzas de diferentes autores.

Soy miembro de La Iglesia de Jesucristo de los Santos de los Últimos Días, pero eso no significa que deba escuchar únicamente música de mi religión. Sé que en otras iglesias y religiones hay música maravillosa que alaba a Dios y a Jesucristo. Y sé que, así como los himnos de mi religión me consuelan, otras canciones cristianas y melodías pueden hacer lo mismo.

Recuerdo que una vez compartí esta lista con una amiga cercana que estaba pasando por una etapa muy difícil. Ella me contó que escuchaba esas canciones todo el tiempo y que se convirtieron en un ancla para su fe y esperanza. Eso me hizo reflexionar: todos tenemos diferentes gustos y maneras de conectarnos con nuestro interior y con nuestro Padre Celestial. La clave está en encontrar el estilo de música que te llene, que te eleve y que te permita sentir Su amor.

Te animo a explorar, a buscar y a crear tu propia lista de reproducción. Llénala de canciones que te renueven, que te den fuerza en los días oscuros y que conviertan tus momentos difíciles en oraciones cantadas.

Especialmente los días en que mi hijo Moroni estaba internado en el hospital. La distancia entre el hospital y mi casa era considerable; tenía que manejar 45 minutos para llegar, y lo mismo para regresar. Esos trayectos estaban llenos de emociones: tristeza, porque sabía que me esperaba un día complicado en el hospital; y dolor, porque tenía que dejar a mis otros hijos pequeños en casa. Mis otros niños también me necesitaban, y a menudo no querían que me fuera. Mi corazón se sentía dividido, desgarrado entre mis responsabilidades como madre y el deseo de estar presente para cada uno de mis hijos.

En esos trayectos, sola en el auto, ponía mi lista de reproducción. Esas canciones hacían algo mágico en mi interior: mientras manejaba, lloraba y cantaba al mismo tiempo. Las lágrimas fluían mientras las melodías llenaban el aire. Era mi manera de expresarle a Dios mi gratitud, mi dolor y mi fe. A través de esas canciones, me sentía acompañada, fortalecida y renovada. La música se convertía en una especie de terapia, un puente entre mi alma y Dios.

Había una canción en particular que, en ese momento, era la única que me daba aliento. Ahora casi no la escucho porque he encontrado otras que conectan más conmigo, pero en aquel entonces, esa canción era la única que penetraba mi ser y llenaba mi alma. La canción se llama Iré y Haré, con letra y música de Nik Day. Está incluida en el código de mi lista de reproducción que mencioné antes, pero también puedes buscarla en cualquier aplicación de audio y video; incluso hay muchas versiones disponibles.

Esta canción transmite un poderoso mensaje: no importa dónde estemos, el Salvador siempre estará a nuestro lado. En la adversidad, somos bendecidos por Él, y declara con fuerza:

"**Yo iré y haré, fiel me mantendré, aunque duden los demás nunca yo lo haré, si con fe lo sigo a Él, sé que Él hará**

que no tenga más pesar; Él proveerá. Él me dará la fuerza que necesito, me elevará; al final, Él proveerá."
(Iré y Haré, Nik Day, 2020).

En ese momento, cantar esas palabras era como decirle directamente a mi Padre Celestial que estaba dispuesta a hacer todo lo que Él me pidiera, con fe y determinación. La canción también destaca que Él nos dará la fuerza que necesitamos, nos levantará en nuestros momentos más difíciles y, al final, Él proveerá todo lo que necesitamos para seguir adelante.

Recuerdo que repetía esa canción una y otra vez, cantándola fuerte, como una forma de confirmar mi compromiso con mi Padre Celestial, entregándole mis desafíos y mi vida. Mientras cantaba, podía sentir el amor de Su Hijo Jesucristo llenando mi corazón. Esa canción me ayudaba a recordar que, sin importar cuán difícil fuera mi día, yo obedecería y haría todo con fe, sabiendo que no estaba sola.

Otra canción que descubrí recientemente es de la cantante Lauren Daigle. Tiene varias canciones, y, de hecho, me encantan todas. Una de ellas se llama Thank God I Do (Daigle, 2023), que en español podría traducirse "Gracias, Dios". Esta canción habla de la gratitud y expresa cómo, aunque la vida puede ser difícil y las cargas pesadas, con Su ayuda el peso se aligera. Su mensaje resuena profundamente, reconociendo que, gracias a Dios, encontramos fortaleza, esperanza y compañía.

Lo que más me encanta es el coro, porque es una declaración que penetra mi mente, mi corazón y mi alma. Yo también puedo decir con absoluta certeza: no sé qué sería de mí si no tuviera a Dios a mi lado. La cantante repite que probablemente se derrumbaría, y yo siento exactamente lo mismo.

Es como un lema y una oración de agradecimiento que elevo a Dios, reconociendo que, gracias a Él, sigo de pie y sigo adelante. Este fragmento me hace reflexionar sobre cuánto dependo de Él en cada aspecto de mi vida, y cuánto Su amor y Su guía han moldeado cada paso que doy.

Tuve la oportunidad de escuchar a un orador que compartió su experiencia de haber vivido en China muchos años atrás. Relataba que, durante la temporada navideña, en los centros comerciales se escuchaba música navideña conocida, pero también melodías de himnos religiosos populares, aunque sin la letra, solo la melodía. Él nos invitó a reflexionar: ¿por qué habrían de eliminar la letra? ¿Tienes alguna idea del por qué?

En este país el cristianismo es minoritario. Y los himnos religiosos tienen un poder especial. Las palabras que contienen testifican de la misión del Salvador Jesucristo: Su nacimiento, Su vida y Su resurrección. Estas palabras son una fuente de luz y esperanza. Constituyen un testimonio vivo de que Dios vive, nos ama y nos escucha. La gran mayoría de los himnos religiosos afirman el gozo que sentimos al guardar los mandamientos y nos recuerdan que, incluso cuando nos equivocamos, podemos ser perdonados y encontrar paz a través de Su gracia.

La letra de la música puede influir profundamente en nuestras decisiones. Cuando era muy joven, traté lo mejor que pude de permanecer fiel a los mandamientos de Dios. Tendría yo unos 15 años, y recuerdo estar en una situación donde tenía que decidir si mantenerme fiel a mis promesas con Él o romperlas. Esa decisión era tan importante que pudo haber cambiado por completo el curso de mi vida.

¿Saben qué me ayudó a decidir? La letra de un himno. Ese himno hablaba sobre ser fiel a Dios y cumplir con los deberes sagrados que Él nos ha dado. La canción se llama *Me encanta ver el templo*.

Me recordó mi meta y fortaleció mis convicciones. Así como José, quien fue vendido a Egipto y eligió huir del pecado, yo también corrí de esa situación y nunca más volví a encontrarme en algo similar. Fue una experiencia que me enseñó que Dios es más importante que cualquier deseo carnal que pudiera tener.

El curso de mi vida cambió por un himno. Gracias a ese testimonio personal, ahora en mi hogar ponemos música inspiradora todos los días para que mis hijos puedan memorizar esas palabras y recordarlas en los momentos en que necesiten valor y fortaleza.

Si aún no tienes este hábito y sientes la necesidad de nutrir tu espíritu, te invito a buscar, escuchar y cantar himnos y alabanzas religiosas. No importa si no tienes una voz hermosa; lo importante es permitir que la música fortalezca tu alma.

Cantad salmos a Jehová

Isaías 12:5

"La música es un don hermoso y glorioso de Dios, y no hay nada que pueda igualarla. La música aleja al diablo y hace que las personas se alegren; es un consuelo espiritual y un vínculo entre Dios y el hombre."

- Martin Lutero

Preguntas para meditar:

1. ¿Qué canciones tocan profundamente mi alma y por qué?

2. ¿Qué sentimientos experimento cuando canto himnos y alabanzas?

3. ¿Cuándo fue la última vez que canté con el corazón lleno de gratitud o emoción?

4. ¿Cómo ha impactado la música inspiradora en mi relación con Dios y mi bienestar personal?

5. ¿Puedo identificar una canción o himno que me haya ayudado en un momento difícil?

Pasos para tomar acción:

1. Escoge un himno o canción que te inspire y medita sobre su letra, reflexionando en lo que te hace sentir y cómo puedes aplicar su mensaje en tu vida.

2. Crea una lista de reproducción con himnos, alabanzas o canciones inspiradoras y escúchala regularmente para fortalecer tu espíritu.

3. Aprovecha momentos libres, como cuando corres, manejas, cocinas o limpias, para escuchar melodías que eleven tu ánimo y fortalezcan tu fe.

4. Memoriza la letra de los himnos o canciones que más te gustan y cántalos cuando sientas necesidad de fortaleza o paz.

5. Dedica tiempo a aprender nuevos himnos o canciones que amplíen tu repertorio espiritual y enriquezcan tu conexión con Dios.

Referencias:
- Daigle, L. (2023). Thank God I Do. En Lauren Daigle [álbum]. Atlantic Records.
- Day, N. (2020). Iré y Haré. En Come Unto Christ: 2020 Youth Album [álbum]. The Church of Jesus Christ of Latter-day Saints.

Servicio

"A Jehová presta el que da al pobre, y el bien que ha hecho, se lo volverá a pagar." - Proverbios 19:17

Otro macronutriente esencial para nutrir nuestra alma es el servicio. Este tema puede resultar desafiante para muchos, ya que a menudo nos encontramos en situaciones donde sentimos que somos nosotros quienes necesitamos ayuda. Sin embargo, Dios, en su infinita sabiduría, nos ha enseñado a través de Su palabra que, al enfocarnos en ayudar a otros, también encontramos soluciones y alivio para nuestras propias dificultades.

En **Mateo 25:40**, Jesús nos dice: **"De cierto os digo que en cuanto lo hicisteis a uno de estos mis hermanos más pequeños, a mí lo hicisteis."** Esta escritura nos recuerda que cada acto de bondad y servicio hacia los demás es, en realidad, un acto de amor hacia Dios mismo.

He podido experimentar esta verdad en mi propia vida. Soy una persona común, como cualquiera, y también tengo momentos en los que la negatividad se apodera de mí. Hay días en los que me siento abrumada, deseando ayuda, pensando que no puedo enfocarme en los demás porque ya tengo demasiado con mis propios problemas y las necesidades de mis hijos. Incluso experimento sentimientos de egoísmo, donde mi mundo parece girar únicamente en torno a mi vida y mis desafíos, y a veces he pensado que no he tenido nada más que dar. Sin embargo, he notado una gran diferencia cuando elijo mirar más allá de mí misma. Cuando decido pensar en los demás y dar de mi tiempo, algo mágico ocurre. Es como si un poder profundo me llenara, ayudándome a olvidar mis problemas y brindándome una nueva esperanza. El acto de servir a otros me ha traído claridad, paz y bendiciones inesperadas. Me siento más alegre, más útil, como un instrumento en las manos de Dios. Y esa conexión, esa certeza de que Él me utiliza para bendecir a otros, me llena de un gozo incomparable, por que al hacerlo Dios multiplica nuestras fuerzas.

El servicio nos eleva espiritualmente y nos permite ver la vida desde una perspectiva más amplia. A través del servicio, aprendemos empatía, gratitud y humildad, y también fortalecemos nuestra relación con Dios. Él nos bendice abundantemente cuando dejamos de enfocarnos únicamente en nuestras propias cargas y decidimos tender la mano a alguien más.

Quiero invitarte a incluir el servicio en tu vida diaria, por pequeño que sea. Puede ser un gesto amable, una palabra de aliento, o simplemente estar presente para alguien que lo necesita. Cada acto de servicio cuenta, y como lo prometió el Señor, al dar, también recibimos.

He sido profundamente bendecida por el servicio que he recibido en mis momentos de desánimo. Personas maravillosas se han convertido en ángeles terrenales, brindándome apoyo, consuelo y fortaleza en los momentos en que más lo he necesitado. Ese servicio desinteresado no solo me ayudó a superar pruebas, sino que también plantó en mí un deseo genuino de devolver ese amor y apoyo a quienes enfrentan sus propias luchas.

Además, las pruebas que he vivido me han permitido desarrollar atributos y cualidades que antes no tenía. He aprendido a ser más empática, comprensiva y paciente. Ahora, cuando veo a alguien pasar por desafíos, siento que puedo ofrecer algo más que palabras de aliento: puedo compartir mi experiencia, mi comprensión y, sobre todo, mi disposición para ayudar.

Creo firmemente que nuestras pruebas no solo nos moldean, sino que también nos capacitan para ser una mano extendida hacia los demás. Considero un privilegio poder ayudar a otras personas porque, al hacerlo, siento que cumplo con el propósito que Dios tiene para mí.

Recientemente, me encontraba profundamente preocupada por algunos problemas de salud de mis hijos. Estaba agobiada, con la mente llena de pensamientos inciertos sobre lo que podría suceder y cómo podría resolverlos. Sin embargo, sentí una impresión muy fuerte: debía ir a visitar a unas ancianas de la iglesia a la que asisto. Aunque no tenía mucho tiempo, decidí apartar un momento en mi agenda y, junto con mis niños, horneamos pan casero. Fue un pequeño gesto, pero lo hicimos con mucho amor.

Llevamos ese pan a ellas, y esa experiencia terminó siendo más fortalecedora de lo que imaginé. Yo estaba tan enfocada en mis propios desafíos, en mi mundo lleno de preocupaciones, que no podía ver más allá de mi propia burbuja. Pero al llegar a la casa de la primera ancianita, todo cambió. Me di cuenta de que su situación era mucho más complicada que la mía: vivía sola, sin la compañía de sus hijos, luchaba para caminar por el riesgo de caerse, y apenas tenía ayuda. Al escuchar sus problemas, comprendí que mi vida está llena de bendiciones.

Después, fuimos a visitar a otra hermana, y para mi sorpresa, ella también estaba enfrentando grandes desafíos. Nos contó sobre sus problemas de salud, lo difícil que era para ella lidiar con ellos y cómo sufría al no poder comer adecuadamente. Fue impactante darme cuenta de su dolor y sus limitaciones.

Cuando salimos de ambas casas, mi esposo y yo nos miramos, y ambos sentimos lo mismo: nuestra vida es perfecta. Tenemos tanto por qué agradecer.

Hay tantas personas en el mundo con desafíos mayores que los nuestros, y el servicio no solo les ayuda a ellos, sino que también sana y fortalece nuestro propio corazón.

Tuve un gran ejemplo de servicio desde mi infancia gracias a mi madre y mi abuela. Desde que tengo memoria, ellas siempre estaban ayudando a los demás: niños, jóvenes y adultos. Lo hacían no solo económicamente, sino también ofreciendo su tiempo y sus habilidades. Estuve rodeada de esos ejemplos de amor y generosidad, lo que me enseñó el valor de dar sin esperar nada a cambio.

También aprendí a amar el servicio durante mi misión. Como te mencioné al principio, fui misionera de la Iglesia de Jesucristo de los Santos de los Últimos Días, y esa experiencia fue realmente invaluable. Me di cuenta de que cuando ayudaba a los demás, aunque no lo hacía buscando recibir algo a cambio, una felicidad genuina, amor de desconocidos, y mucha satisfacción.

Una de las bendiciones más tangibles que he experimentado es cómo Dios multiplica mi tiempo. Sé bien lo que puedo lograr en 24 horas, pero cada día está lleno de actividades importantes: ayudar a mis hijos con sus terapias y tareas, cocinar, apoyarlos en el desarrollo de sus talentos y habilidades, hacer ejercicio con ellos, además de cumplir con las responsabilidades del hogar.

Sin embargo, he sido testigo de los milagros que ocurren cuando decidimos servir. Siento que mi tiempo se expande: las tareas se vuelven más llevaderas, puedo terminarlas en menos tiempo o, en ocasiones, Dios pone en mi camino a las personas adecuadas para ayudarme.

Por eso, los animo a no caer en el error de pensar que al dedicar tiempo a servir a los hijos de Dios se van a retrasar en sus propios proyectos o responsabilidades. Lo que sucede es exactamente lo contrario. Es como si Dios transformara nuestros esfuerzos y multiplicara nuestra capacidad, permitiéndonos avanzar mucho más de lo que podríamos haber logrado por nosotros mismos.

Hay una historia que se encuentra en **1 Reyes 17:8-16** y relata el encuentro del profeta Elías con una viuda en Sarepta durante un tiempo de gran hambre en la tierra.

Dios habló a Elías y le dijo que fuera a Sarepta, donde había ordenado a una viuda que lo alimentara. Cuando Elías llegó a la entrada de la ciudad, encontró a una mujer recogiendo leña. Elías le pidió un poco de agua y, mientras ella iba a buscarla, también le pidió un trozo de pan.

La viuda respondió:

"Vive Jehová tu Dios, que no tengo pan cocido; solamente un puñado de harina tengo en la tinaja y un poco de aceite en una vasija; y ahora recogía dos leños, para entrar y prepararlo para mí y para mi hijo, para que lo comamos, y nos dejemos morir." (1 Reyes 17:12)

Elías le dijo que no temiera y que hiciera como había dicho, pero que primero le preparara a él una pequeña torta y después cocinara para ella y su hijo. Entonces, le dio esta promesa:

"Porque Jehová, Dios de Israel, ha dicho así: La harina de la tinaja no escaseará, ni el aceite de la vasija disminuirá, hasta el día en que Jehová haga llover sobre la faz de la tierra."
(1 Reyes 17:14)

La mujer obedeció y, tal como Elías había dicho, la harina y el aceite no se acabaron durante todo el tiempo que hubo hambre en la región. Ella, su familia y Elías tuvieron alimento suficiente todos los días, gracias a la provisión milagrosa de Dios.

Esta historia ilustra que los cálculos de Dios trascienden nuestra lógica y nuestras limitaciones humanas. Aunque la viuda solo tenía recursos para un día más, al actuar con fe y generosidad, experimentó un milagro que sostuvo su vida y la de su hijo.

Cuando damos de lo poco que tenemos—tiempo, recursos, amor o habilidades—Dios toma nuestra ofrenda, la multiplica y nos bendice de manera milagrosa. Así como la harina y el aceite nunca faltaron, nuestras vidas pueden ser llenadas y sostenidas cuando confiamos en la promesa divina.

Servid por amor los UNOS a los OTROS.
Gálatas 5:13

"Demostremos nuestro amor y aprecio por el sacrificio expiatorio del Salvador a través de actos de servicio sencillos y caritativos."

- M. Russell Ballard

Preguntas para meditar:

1. ¿Cuándo fue la última vez que realizaste un acto de servicio y cómo te hizo sentir?

2. Recuerda un momento en tu vida en el que alguien haya hecho algo significativo por ti. ¿Cómo impactó eso tu vida y tus emociones?

3. ¿Hay alguien cercano a ti que podría beneficiarse de tu ayuda, ya sea emocional, física o espiritual?

4. ¿Cómo puedes incorporar el servicio a tu vida diaria para fortalecer tus relaciones y tu comunidad?

Pasos para tomar acción:

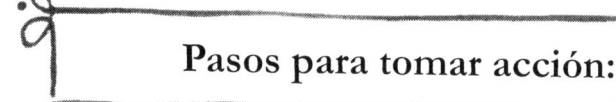

1. Comienza con pequeños actos de servicio, como llamar a un ser querido, enviar un mensaje de ánimo por texto o dedicar tiempo a escuchar a alguien que lo necesite.

2. Ofrece ayuda práctica en tu hogar o comunidad, como preparar una comida para alguien que lo necesite o cuidar a los hijos de un amigo por unas horas.

3. Dedica tiempo a conocer las necesidades de las personas a tu alrededor y encuentra maneras específicas en las que puedas ayudarlas.

4. Comprométete a realizar al menos un acto de servicio significativo cada semana, y lleva un registro para reflexionar sobre cómo te hace sentir.

5. Ora para pedir guía e inspiración sobre a quién podrías servir y cómo hacerlo con un corazón lleno de amor y caridad.

Estudiar la palabra de Dios diariamente

"Nunca se apartará de tu boca este libro de la ley, sino que de día y de noche meditarás en él, para que guardes y hagas conforme a todo lo que en él está escrito; porque entonces harás prosperar tu camino, y todo te saldrá bien." - **Josué 1:8**

En mi teléfono tengo acceso a una aplicación llamada Biblioteca del Evangelio. Me imagino que hay muchas más aplicaciones gratuitas que se pueden descargar.

Desde que llegó Moroni a nuestras vidas, he descubierto que tengo palabras clave únicas o keywords.

¿Quieres saber cuáles han sido mis palabras clave a lo largo de estos años?

Aflicciones, pruebas, desafíos, fe, esperanza, milagros, fortaleza, paciencia, perseverancia, confianza y gratitud.

Lo que hago con estas palabras es escribirlas en la lupa, y la aplicación me muestra escrituras y mensajes inspiradores relacionados con ese tema. Hacer esto me ha permitido aclarar mis dudas, adquirir conocimiento y llenarme de fe y esperanza, que es justo lo que he necesitado.

Estos escritos sagrados fueron redactados por profetas inspirados por Dios. Como se menciona en **2 Pedro 1:21**:

"Porque nunca la profecía fue traída por voluntad humana, sino que los santos hombres de Dios hablaron siendo inspirados por el Espíritu Santo."

Aunque las Escrituras fueron escritas cientos de años atrás y algunas historias puedan parecer distantes, siguen siendo relevantes en nuestra época. En aquellos tiempos, los seguidores de

Cristo enfrentaban guerras físicas, pero hoy enfrentamos guerras espirituales. Las lecciones que encontramos en las Escrituras pueden ser una guía poderosa en nuestras luchas diarias. Como dice **Efesios 6:12**:

"**Porque no tenemos lucha contra sangre y carne, sino contra principados, contra potestades, contra los gobernadores de las tinieblas de este siglo, contra huestes espirituales de maldad en las regiones celestes.**"

Las Escrituras son una fuente de fortaleza, dirección y esperanza para enfrentar las batallas de nuestra vida, ya sean visibles o invisibles.

Personalmente, una de las razones por las que amo estudiar las escrituras todos los días es porque me ayudan a recordar lo que ya sé. Son verdades que he escuchado desde que era muy pequeña. Aunque el evangelio no cambia, como humanos tendemos a olvidar rápidamente lo que sabemos. Por eso, aprendemos a través de la repetición. En cualquier aspecto de nuestra vida, cuando queremos dominar algo, necesitamos practicarlo y repasarlo constantemente hasta que penetre realmente en nuestra mente y corazón.

Ahora que soy adulta y mi vida está tan ocupada, muchas veces olvido hacer las cosas que sé que debo hacer. Sin embargo, el estudio diario de las escrituras me permite recordar esas verdades importantes, revivir los sentimientos que me han traído y reflexionar sobre las experiencias que he vivido. A través de ellas, puedo reconocer las áreas donde debo crecer y los atributos cristianos que necesito desarrollar para seguir a Jesucristo y un día regresar con mi Padre Celestial.

Algo que he aprendido con el tiempo es que no debemos esperar a estar en medio de una prueba para buscar a Dios y Su palabra. La preparación para los desafíos de la vida comienza mucho antes, con pequeños actos diarios: la oración, el estudio de las escrituras, la reflexión en silencio y la búsqueda constante de Su guía. Con el tiempo, esa constancia construye un fundamento sólido que nos sostiene cuando enfrentamos las tormentas de la vida.

Esto me recuerda la historia del hombre prudente y el hombre insensato, que encontramos en **Mateo 7:24-27**:

"Cualquiera, pues, que me oye estas palabras y las hace, le compararé a un hombre prudente que edificó su casa sobre la roca. Y descendió lluvia, y vinieron ríos, y soplaron vientos, y golpearon contra aquella casa; y no cayó, porque estaba fundada sobre la roca. Pero cualquiera que me oye estas palabras y no las hace, le compararé a un hombre insensato que edificó su casa sobre la arena. Y descendió lluvia, y vinieron ríos, y soplaron vientos, y dieron con ímpetu contra aquella casa; y cayó, y fue grande su ruina."

El insensato construyó su casa sobre la arena porque era más rápido y sencillo. Tal vez estaba demasiado ocupado con las cosas del mundo como para dedicar tiempo a fortalecer sus cimientos espirituales. Pero cuando llegaron las tormentas, su casa cayó, pues no tenía fundamentos firmes.

En cambio, el prudente construyó su casa sobre la roca. Antes de preocuparse por otras cosas, priorizó lo esencial: su familia, el tiempo de calidad, el estudio de las Escrituras, la oración, el servicio a los demás, la asistencia a la iglesia y el fortalecimiento de su fe.

Cuando llegaron las tormentas, su casa permaneció firme porque estaba sostenida por cimientos sólidos.

Los animo a crear el hábito diario de buscar a Dios. Comiencen con pasos pequeños: una breve oración, leer un versículo y meditar en su significado. Poco a poco, aumenten el tiempo y profundicen en su estudio. Ese tiempo dedicado a Dios es invaluable porque fortalece nuestra conexión con Él y nos prepara para enfrentar los desafíos con mayor fortaleza.

Esto también se relaciona con la parábola de las diez vírgenes en **Mateo 25:1-13**. Jesús relata cómo diez jóvenes esperaban al esposo con sus lámparas, que necesitaban suficiente aceite para mantenerse encendidas. Cinco de ellas eran prudentes y llevaron el aceite necesario, mientras que las otras cinco, insensatas, no lo hicieron. Las vírgenes se levantaron para preparar sus lámparas, pero las insensatas se dieron cuenta de que no tenían suficiente aceite. Entonces pidieron a las prudentes que compartieran un poco de su aceite, pero estas respondieron:

"No sea que no haya suficiente para nosotras y para vosotras; id más bien a los que venden, y comprad para vosotras mismas" (Mateo 25:9).

Podríamos pensar que las vírgenes prudentes habían sido egoístas, y poco serviciales.

Mientras las insensatas iban a comprar aceite, el esposo llegó, y las prudentes entraron con él a las bodas, cerrándose la puerta. Cuando las insensatas regresaron, pidieron entrar, pero la respuesta fue clara:

"De cierto os digo, que no os conozco" (Mateo 25:12).

En esta parábola, las prudentes no actuaron con egoísmo al no compartir su aceite. Más bien, nos enseñaron que hay cosas que no se pueden transferir, como la fortaleza espiritual, la fe o nuestra relación personal con Dios. Por más que queramos darle nuestra fe a alguien más, es algo que no se puede dar. Las prudentes invitaron a las imprudentes a ir y comprar más, lo que para mí refleja preocupación, ánimo y una invitación a actuar. así como nosotros podemos compartir nuestro testimonio con los demás.

Dios nos ha llamado a servir, a levantar las manos caídas, a orar por los demás, a inspirar y a compartir nuestra luz. Sin embargo, cada persona tiene la responsabilidad de preparar su propia lámpara y llenar su propio depósito de fe y fortaleza espiritual.

Construyan su vida sobre la roca de Jesucristo y mantengan sus lámparas llenas de aceite. Esas acciones diarias harán toda la diferencia, tanto en los días de paz como en los de tormenta.

Así como un mapa nos lleva a nuestro destino, las Escrituras nos guían con seguridad hacia los brazos de nuestro Padre Celestial.

"Escudriñad las Escrituras porque a vosotros os parece que en ellas teneis la Vida Eterna; y ellas son las que dan Testimonio de mi."

Juan 5:39

Preguntas para meditar:

1. ¿Qué tan frecuente lees las escrituras? ¿Crees que esto es suficiente para edificar una fe sólida y mantenerte espiritualmente fuerte?

2. ¿Cuáles son algunas de tus escrituras favoritas y qué es lo que más te inspira o motiva de ellas?

3. ¿Recuerdas un momento en tu vida donde te sentiste tocada por el Espíritu al leer las escrituras? ¿Cómo impactó esa experiencia tu vida?

4. ¿Qué obstáculos te han impedido leer las escrituras diariamente y cómo podrías superarlos para hacer del estudio un hábito constante?

5. ¿Cómo podrías compartir lo que aprendes de las escrituras con otros para fortalecerlos espiritualmente?

Pasos para tomar acción:

1. Establece un tiempo específico: Dedica un momento del día, ya sea por la mañana o antes de dormir, para leer las escrituras, aunque sea solo por 5-10 minutos.

2. Selecciona un pasaje o tema: Escoge un tema o libro específico de las escrituras y concéntrate en leerlo con atención. Escribe tus pensamientos o impresiones en un diario.

3. Estudia con propósito: Enfócate en una pregunta o situación específica mientras lees las escrituras y busca respuestas o guía a través de ellas.

4. Memoriza un versículo: Cada semana elige un versículo que te inspire y esfuérzate por memorizarlo. Reflexiona sobre cómo aplicarlo en tu vida diaria.

5. Escucha las escrituras: Si tienes días ocupados, aprovecha herramientas de audio para escuchar pasajes bíblicos mientras realizas otras actividades como manejar o cocinar.

6. Comparte lo aprendido: Dedica tiempo para compartir con tu familia, amigos o comunidad lo que has aprendido al leer las escrituras y cómo te ha bendecido.

7. Ora antes y después de leer: Pide guía antes de empezar tu lectura y agradece al final por las impresiones y enseñanzas recibidas.

El ejercicio

"Pero los que esperan en Jehová tendrán nuevas fuerzas; levantarán alas como las águilas; correrán, y no se cansarán; caminarán, y no se fatigarán."
- **Isaías 40:31**

Dios ha creado nuestro cuerpo y ha declarado en la Biblia que nuestro cuerpo es un templo donde mora Su Espíritu. En **1 Corintios 3:16-17**, se nos recuerda con solemnidad: **"¿No sabéis que sois templo de Dios, y que el Espíritu de Dios mora en vosotros? Si alguno destruyere el templo de Dios, Dios le destruirá a él; porque el templo de Dios, el cual sois vosotros, santo es."** Este pasaje nos muestra que nuestro cuerpo no es solo una estructura física, sino una creación sagrada, un templo perfecto diseñado por las manos de Dios.

Por esta razón, para mí, sanar el alma y el espíritu está profundamente relacionado con cuidar nuestro cuerpo. El cuerpo es el recipiente que sostiene nuestro espíritu, el lugar donde habita el Espíritu de Dios. Es una responsabilidad que Dios nos ha dado, y cuidarlo no solo implica alimentarlo bien, sino también fortalecerlo a través del ejercicio.

Cuando ejercitamos y cuidamos nuestro cuerpo, estamos fortaleciendo no solo nuestros músculos, sino también cada órgano y nuestro cerebro. Un cuerpo en balance nos ayuda a estar en comunión con nuestro espíritu y a tener una conexión más profunda con Dios.

Si deseamos estar en armonía con el Espíritu, debemos tratar nuestro cuerpo con la misma reverencia con la que trataríamos un templo sagrado. Al hacerlo, honramos al Creador y su obra perfecta.

Hace 4 años, empecé un programa de entrenamiento intenso que integra movimientos funcionales como levantamiento de pesas y actividades cardiovasculares. En ese entonces, Moroni era un bebé de apenas 6 meses, y su estado de salud requería una dedicación total de mi parte. Yo no estaba lista para hacer este nuevo programa de ejercicio, y el tiempo no era el ideal, pero decidí confiar en mí misma y en la capacidad que tenia de perseverar.

Así, me comprometí conmigo misma a no faltar a mis clases cada día. Con el paso del tiempo, descubrí que el ejercicio me ayudaba en algo mucho más profundo: me permitió vencer mis emociones negativas y liberar el peso emocional que cargaba. Encontré en el ejercicio un canal para sacar toda esa tristeza, ansiedad y frustración acumuladas, transformándolas en fuerza y resiliencia.

En muchas ocasiones, cuando he estado desanimada o triste, cuando no he tenido ni ganas ni motivación para hacer ejercicio, la única razón por la que he ido es porque ya lo he convertido en un hábito. Mi rutina de ir todos los días por la mañana al gimnasio me ha permitido tener una mente más enfocada y me ha permitido lidiar con cargas emocionales.

Una vez estaba conteniendo tantas emociones por dentro ya que Moroni no progresaba, al llegar a mi clase, al parecer se reflejaba en mi rostro. Mi entrenadora me preguntó si estaba bien, y no pude evitarlo: comencé a llorar sin parar. Ella me abrazó y me animó a hacer los ejercicios. Al finalizar mi rutina, todo era diferente. Experimenté cómo una gran carga emocional se desvanecía, dejándome con una profunda sensación de alivio y libertad.

¿Qué pasó en esa hora de ejercicio que me hizo sentir diferente? Ese tiempo en el gimnasio fue un regalo para mí misma. Me desconecté de mis responsabilidades como madre, me alejé por un momento de las preocupaciones diarias y me permití enfocarme completamente en mí.

Además, hay una explicación científica para esto: cuando nos ejercitamos, nuestro cerebro comienza a producir más dopamina, serotonina y endorfinas, neurotransmisores que ayudan a reducir el estrés, la ansiedad y los síntomas de la depresión, permitiéndonos experimentar una mayor sensación de felicidad.

Mover nuestro cuerpo no solo fortalece nuestros músculos y mejora nuestra salud física, sino que también es una herramienta poderosa para regular nuestras emociones. Nos ayuda a liberar tensiones, elevar nuestra autoestima y aumentar nuestra sensación de bienestar general.

Cada sesión de ejercicio es un recordatorio de que somos fuertes y capaces, permitiéndonos afrontar los desafíos diarios con una mentalidad más positiva y resiliente.

Te animo a que intentes incorporar el ejercicio a tu rutina diaria, incluso si al principio cuesta trabajo empezar. Verás cómo, poco a poco, se convierte en una herramienta poderosa para liberar tensiones, reenfocar tu energía y encontrar un balance en medio de los desafíos de la vida.

Me he dado cuenta de cómo el ejercicio me ha ayudado a sentirme más fuerte y capaz. He podido lograr cosas que antes consideraba imposibles, como cargar peso con la barra, hacer dominadas o incluso trepar una cuerda hasta lo más alto, me ha hecho sentir poderosa, energética y llena de confianza. Esas pequeñas victorias han transformado la forma en que me percibo a mí misma y me han enseñado a reconocer la capacidad que tengo como hija de Dios. Ahora me siento como una mejor versión de quien siempre he deseado ser.

Últimamente, también me he aventurado en el mundo del running. Recientemente logré correr 10K, algo que antes veía como un sueño lejano. Cada kilómetro recorrido, cada pequeño avance, ha sido un escalón que ha fortalecido mi autoestima y confianza, tanto como madre como mujer.

Así que, actualmente, en los momentos en que me siento triste o desanimada, mi solución, o, mejor dicho, mi medicina, es salir a correr. Durante esas carreras libero todas las emociones negativas y el peso emocional que llevo. Es un desahogo físico y mental que me permite encontrar claridad y sentirme renovada.

Y como te mencioné anteriormente, mientras corro, pongo mis canciones. Así que, verdaderamente, siento que Dios corre conmigo, que me está echando porras y diciéndome: **"Tú puedes**

Teme a Jehová y apártate del mal; porque será *salud en el hombligo* medula en los *huesos*

Proverbios 3:7-8

con esto". Al terminar, esas palabras penetran tan fuerte en mi mente que me lo creo y me repito: **"Yo puedo vencer esto".**

Es por lo que quiero invitarte: si en este momento de tu vida no tienes este hábito, no te preocupes, nunca es tarde para empezar. No hay un límite de edad ni un momento perfecto para comenzar. Te invito a que comiences hoy, dando pasos pequeños. He aprendido que para lograr y mantener un hábito, no debemos empezar con metas demasiado grandes o abrumadoras, porque eso puede desanimarnos. En cambio, comienza con lo que esté a tu alcance, con pequeños cambios que sean manejables para ti.

Recuerda que todos estamos en diferentes etapas de la vida, con distintas circunstancias. Para algunas personas, caminar 30 minutos puede ser un gran reto, mientras que para otras puede ser sencillo. Lo importante es no compararte con otras personas, porque cada uno de nosotros vive circunstancias únicas, ya sean emocionales, físicas o económicas.

Haz lo mejor que puedas dentro de tus posibilidades. Encuentra tiempo, aunque sea poco, para moverte y cuidarte. Ya sea salir a caminar, correr, andar en bicicleta o seguir videos de baile en YouTube, hay muchas herramientas a tu disposición. Lo importante es empezar. Cada pequeño paso cuenta, y con el tiempo verás cómo esos pequeños esfuerzos generan grandes cambios en tu vida.

Recuerdo una conversación que tuve con una hermana de mi iglesia cuando solo tenía a Abby y a Mahonri, ambos pequeños. Ella mencionaba la importancia de que las mamás se dieran un tiempo para ellas mismas, incluso algo tan simple como relajarse en una tina de baño. En aquel momento, su consejo me parecía irrealista. Le respondí que era imposible, que no tenía tiempo para mí misma porque debía cuidar a mis hijos. Creía firmemente que el ser una buena madre significaba sacrificarlo todo por ellos. Sin embargo, con los años y con la experiencia, me di cuenta de lo equivocada que estaba.

Con el tiempo aprendí que, para ser la mejor madre para mis hijos, primero necesitaba cuidar de mí misma. Descubrí que cuando priorizo mi salud física, emocional y mental, cuando hago ejercicio y busco maneras de canalizar las emociones negativas, me convierto en una versión mucho mejor para mis hijos. Este cambio de mentalidad me permitió comprender que amarme y cuidarme a mí misma no es un acto de egoísmo, sino una forma de fortalecer mi capacidad para ser una madre presente, amorosa y paciente. Además, ha incrementado mi habilidad para cumplir con mis responsabilidades y para ser más generosa y compasiva con los demás.

Gracias al ejercicio mis hijos han disfrutado de una mamá activa y divertida porque tengo la energía y la condición para correr, saltar, perseguirlos y cargarlos. Esto ha creado recuerdos inolvidables para ellos y para mí. Puedo unirme a ellos en actividades como andar en bicicleta juntos, jugar al "monstruo" por toda la casa, y hasta participar en parques de diversiones con túneles super angostos. Me siento afortunada de poder hacerlo porque he trabajado en mi salud y mi fuerza física. He notado que soy una de las pocas mamás que se mete a jugar con los niños, que se trepa, se resbala, se agacha y sigue el ritmo de sus hijos. Esto no sería posible sin el ejercicio constante que hago.

Mi esposo también es un ejemplo de ello; los dos hacemos ejercicio juntos. Para nosotros, este es un tiempo que disfrutamos en pareja. He notado la fuerza que él tiene. El año pasado, por ejemplo, nos fuimos de vacaciones en carro y recorrimos varios estados. Durante el viaje, visitamos tres parques nacionales, donde tuvimos que hacer caminatas largas y desafiantes. Me sorprendió ver a mi esposo cargando a Moroni en su espalda con una mochila porta niño por horas. En esas caminatas, que incluían subidas empinadas y rocas, él llevaba a Moroni detrás de él, permitiéndole disfrutar de nuestra aventura. Es esencial para mi esposo tener la capacidad física para ayudar a Moroni a disfrutar de nuestros paseos familiares y, sobre todo, pasar tiempo de calidad con nuestros hijos. Tiene la misma energía que yo para seguir corriendo, estar activos y continuar jugando con ellos.

Tener fuerza física me ha permitido cargar a Moroni sin lastimarme, sostenerlo en medio de una crisis sin perder el control y asistirlo en sus terapias. También me ha servido para arrullarlo, vestirlo, y seguirle el paso, ya que no conoce los límites. Me facilita levantarlo cuando tropieza, ayudarlo a subir escaleras o acomodarlo en el auto. Muchas veces debo tenerlo en brazos durante largos periodos cuando se siente inseguro o ansioso, y si mi cuerpo no estuviera fuerte, esto sería aún más agotador.

Moroni ahora tiene 4 años, pero mentalmente es un niño más pequeño, y su cuerpo es grande y pesado. No me imagino cuánto pesará en unos años, pero tengo claro que debo estar preparada. Por eso, me esfuerzo en estar activa y obtener fortaleza física, porque mi resistencia no solo es para mí, sino para darle a Moroni el apoyo que requerirá en el futuro.

Te animo a que hagas un esfuerzo extra. Hazlo por ti, por tu bienestar y por tu familia. Es un hábito que requiere compromiso y organización, pero sé que cuando mires atrás, te darás cuenta de que fue una de las mejores decisiones que pudiste tomar. Sentirás más alegría, positividad y energía para enfrentar la vida, y te sorprenderás de todo lo que puedes lograr como madre o padre, abuelo o abuela, ama de casa, estudiante, emprendedor, profesional, cuidador, o en cualquier otra responsabilidad que desempeñes.

Tu bienestar es una inversión invaluable. ¡Empieza hoy!

Preguntas para meditar:

1. ¿Con qué frecuencia realizas actividad física y cómo sientes que influye en tu bienestar diario?

2. ¿Qué tipos de ejercicio te hacen sentir más energizado y feliz, y por qué crees que es así?

3. ¿Recuerdas un momento en el que el ejercicio te ayudó a manejar el estrés o a superar emociones negativas?

4. ¿Qué obstáculos encuentras para mantener una rutina de ejercicio constante, y cómo podrías superarlos?

5. ¿Cómo crees que el ejercicio podría mejorar otras áreas de tu vida, como tu concentración, creatividad o relaciones personales?

Pasos para tomar acción:

1. Establece un horario diario, aunque sea de 10 a 15 minutos, para realizar actividad física.

2. Elige una actividad que disfrutes (como caminar, correr, bailar o practicar yoga) y conviértela en un hábito.

3. Registra tus progresos en un diario o en una aplicación móvil para mantenerte motivado y ver tu avance.

4. Busca un compañero de ejercicio o únete a un grupo para compartir la experiencia y apoyarse mutuamente.

5. Establece metas pequeñas y alcanzables, y celebra cada logro, por mínimo que sea, para reforzar tu compromiso.

CAPÍTULO 10

COMPARTAN LO QUE GUARDAN EN SU CORAZÓN

> "El hombre bueno, del buen tesoro de su corazón saca lo bueno... porque de la abundancia del corazón habla la boca."
>
> - *Lucas 6:45*

Cada uno de nosotros es único. ¿Se han detenido a analizar que nuestras huellas digitales son perfectamente diseñadas y no hay dos iguales? De la misma manera, nuestras virtudes, dones y personalidades también son únicas. Así como nuestras experiencias en la tierra son distintas, cada uno de nosotros enfrenta desafíos diferentes, aprende lecciones únicas y tiene una voz especial.

Estas diferencias hacen que la vida sea llevadera. Por eso, cada uno de nosotros tiene una identidad y una misión única y hace que sus experiencias y conocimientos sean de gran valor para otras personas. Todo lo que han vivido y aprendido es importante compartirlo con otros. No es casualidad que Dios los haya enviado a la tierra y los haya rodeado de las personas que están en su vida. Dios nos pide que abramos nuestra boca, compartamos y ayudemos a otros.

"Nuestras experiencias espirituales son como faros que iluminan nuestro camino, guiándonos hacia pasos seguros."

Todos podemos ayudar a los demás. Todos podemos levantar las manos caídas. Todos podemos testificar de la bondad de Dios. Es triste pensar que nuestros defectos y errores nos hacen indignos de compartir algo, especialmente acerca de Dios. Pero si alguna vez sienten esto, recuerden que es un engaño de Satanás. Él nos miente, haciéndonos creer que no somos suficientes o que nuestra voz no provee nada significativo.

Quizás otras personas piensen que nuestro esfuerzo o nuestras palabras no son suficientes, pero mientras hagamos lo mejor que podamos, eso será suficiente. Yo misma he sentido esa inseguridad muchas veces, pero he aprendido a reconocer que está bien equivocarse. Lo importante es intentarlo con un corazón sincero y confiar en que Dios puede usar nuestras imperfecciones para hacer Su obra.

Les invito a compartir lo que guardan en su corazón. Durante muchos años, yo mantuve en mi corazón todas las experiencias que ahora les he compartido. Pero llegó el momento en que Dios me dijo que era tiempo de hacerlo, y lo hice. Me siento feliz de haberlo hecho porque, al escribir y releer mis palabras, mi propio testimonio de Dios se fortaleció. Recordar las experiencias vividas

"Y les dijo: Id por todo el mundo y predicad el evangelio"

Marcos 16:15

con mi familia me permite ver que Dios siempre ha estado presente, al igual que su Hijo Jesucristo.

Escriban lo que sienten. Y si aún no se atreven a compartirlo, sigan escribiendo. Llegará un momento en el que esas palabras serán una fortaleza para ustedes en el futuro o para sus hijos, nietos o amigos.

Deuteronomio 8:2-3

"Y te acordarás de todo el camino por donde te ha traído Jehová tu Dios estos cuarenta años en el desierto, para afligirte, para probarte, para saber lo que había en tu corazón, si habías de guardar o no sus mandamientos. Y te afligió, y te hizo tener hambre, y te sustentó con maná, comida que no conocías tú ni tus padres la habían conocido, para hacerte saber que no solo de pan vivirá el hombre, sino de todo lo que sale de la boca de Jehová vivirá el hombre."

Cuando leí este versículo, me impactó profundamente porque se refiere a una etapa sumamente difícil del pueblo israelita. En resumen, Dios los había liberado de la esclavitud en Egipto, pero tuvieron que pasar 40 años en el desierto enfrentando pruebas y desafíos. En ese tiempo, muchos se quejaron de sus aflicciones.

Quiero invitarte a reflexionar en estas palabras y a leerlas lentamente, aplicándolas a ti mismo.

"Te acordarás de todo el camino por donde te ha traído Jehová tu Dios estos cuarenta años en el desierto..."

Es como si estas palabras fueran dirigidas a mí: **"Te acordarás, Gabby, de todo el camino por donde te ha traído Jehová estos cuatro años desde la llegada de Moroni."**

Continúa:

"**Para afligirte, para probarte, para saber lo que había en tu corazón, si habías de guardar o no sus mandamientos.**"

Y sí, lo hizo. Dios permitió que enfrentara aflicciones para que aprendiera humildad. Me probó para que, a través del fuego refinador, me convirtiera en una mujer más fuerte, con más fe y más amor en mi corazón. Él quería saber qué había en mi interior, si yo obedecería y sería fiel incluso en las dificultades.

Luego dice:

"**Y te afligió, y te hizo tener hambre, y te sustentó con maná, comida que no conocías tú ni tus padres la habían conocido...**"

En mi caso, tuve hambre de consuelo, sentí oscuridad, dolor, soledad y una falta de fuerzas. Me desesperé muchas veces, caí una y otra vez. Pero, a pesar de todo, Dios me sustentó de maneras que nunca había conocido. Ese **"maná"**, ese alimento celestial, vino en forma de momentos de luz, de revelaciones, de consuelo divino y de Su presencia constante. Ese maná, ese alimento espiritual, me dio vida una y otra vez.

Una vida que, a pesar de las pruebas, hemos vivido plenamente.

Porque ahora mi fe se ha convertido en certeza, en conocimiento absoluto. Hoy sé, sin ninguna duda, que Dios es real. Sé que Él me ha sostenido, me ha tomado de la mano y me llevará de regreso a Su presencia en Su mansión celestial.

Por eso, sentí en mi corazón la necesidad de compartir mi historia, quizá solo para ayudarte a recordar lo que tú ya sabes y recordarte que Dios te ama.

Tú puedes ser tocado por el cielo, abrazado por brazos divinos y lleno del poder necesario para vencer los obstáculos.

Usa tu voz para inspirar, tus manos para abrazar, tu corazón para amar y tu fuerza para levantar a alguien más.

Preguntas para meditar:

1. ¿Sientes que compartes tus experiencias y testimonios con los demás con la frecuencia que te gustaría?

2. ¿Qué te detiene de abrir tu boca y compartir lo que sabes sobre Dios? ¿Es miedo, inseguridad o falta de oportunidades?

3. ¿Cómo te sientes cuando compartes la palabra de Dios con alguien más?

4. ¿Qué impacto crees que tus palabras y acciones pueden tener en la vida de quienes te rodean?

5. ¿Tienes ejemplos en tu vida de personas que han sido bendecidas porque compartiste tu testimonio o tu fe?

6. ¿Qué experiencias o aprendizajes personales crees que podrían inspirar o ayudar a otros?

Pasos para tomar acción:

1. Si se te dificulta usar tu voz para predicar, comienza compartiendo pequeños mensajes de fe en tus redes sociales, como reflexiones, escrituras o testimonios de cómo Dios te ha ayudado.

2. Memoriza escrituras que puedan ser de ayuda para otros y, cuando surja la oportunidad, compártelas de manera espontánea y natural.

3. Participa en grupos comunitarios o en tu iglesia donde puedas compartir tu testimonio de manera más directa.

4. Ora para pedir inspiración sobre quién podría beneficiarse de escuchar tu experiencia o de recibir un mensaje de fe.

5. Escribe tus experiencias espirituales en un diario o un blog, y considera compartir algunas partes con otros. A menudo, nuestras historias pueden resonar con alguien que esté pasando por algo similar.

6. Invita a alguien a asistir contigo a una reunión de tu iglesia o evento espiritual.

7. Regala una Biblia, un libro inspirador o un himno a alguien que esté buscando esperanza o guía espiritual.

PALABRAS FINALES

Esta montaña rusa en la que Dios me permitió subir ha sido muy desafiante; me ha llevado al límite y he sentido un temor profundo. Hemos pasado por túneles oscuros, en los que apenas podía ver con claridad, y me preguntaba cuándo terminaría ese túnel. Pero, sin pensarlo demasiado y en el momento menos esperado, apareció un pequeño rayo de luz al final, y poco a poco esa luz comenzó a iluminar todo a su paso. Entramos y salimos de los túneles una y otra vez, y cada experiencia fue diferente, ya que ganamos experiencia y conocimiento. Poco a poco, este "viaje-aventura" se volvió más fácil de sobrellevar, a pesar de las vueltas bruscas que nos lastimaron. Ha sido gratificante ver a mis hijos y a mi esposo unidos como familia al superar juntos estos desafíos. Hoy en día, estamos en la cima; podemos ver el gran paisaje, todos los colores, sentir el viento, respirar los dulces aromas, percibir los rayos del sol y mirar atrás el trayecto que hemos vivido, gritando con gozo y alegría que lo hemos disfrutado al máximo. Todo esto ha valido la pena. Realmente, ha sido perfecto.

Quisiera poder gritar tan fuerte que mi voz llegue a todos los rincones de la Tierra y decir: ¡**Dios vive**! **Él es un Dios de amor y perfección. Nos ha creado para tener gozo, y la oposición es parte esencial para experimentar ese gozo de una manera viva y poderosa.**

Moroni, recientemente, tuvo una cita con su cardiólogo, al que hace un año no veíamos. Cada vez que vamos, me siento nerviosa, pero esta vez asistí con seguridad y llena de fe.

Al terminar el electrocardiograma y el ultrasonido, el cardiólogo, el doctor Sureka, salió y me dijo que Moroni estaba muy bien. Me mostró la misma hoja que me enseña cada vez que vamos, en la que se ilustran las arterias que le repararon, y me comentó que los cirujanos habían hecho un excelente trabajo con él.

Cabe mencionar que, desde bebé, cada vez que íbamos con el cardiólogo, siempre me decía que Moroni necesitaría varias cirugías de corazón abierto debido a la falta de elastina. Ahora Moroni tiene 4 años y no ha requerido más intervenciones.

Le pregunté al cardiólogo: '**¿Le falta elastina a Moroni?, ¿verdad?**'

Él respondió: '**Sí, Moroni no tiene elastina en su cuerpo.**'

Entonces volví a cuestionarlo: '**¿Cómo es posible que sus arterias estén bien si ya es un niño más grande? ¿Cómo se han estirado sus arterias si no tiene elastina?**'

El cardiólogo volvió a mencionarme que los cirujanos habían hecho un buen trabajo y que Moroni estaba bien.

Y entonces yo misma me pregunto: **¿cómo ha podido seguir viviendo Moroni sin recibir otra cirugía a corazón abierto en todos estos años?**

Moroni con su cardiólogo en enero de 2023.

La elastina es crucial para la elasticidad de los tejidos del cuerpo, como las arterias, que se van expandiendo a medida que la persona crece. Cuando Moroni era bebé, sus arterias eran diminutas, y debido a esto, su flujo sanguíneo era casi nulo. Se estaba muriendo. Por eso lo operaron a los 4 meses, para darle la oportunidad de vivir. Durante la cirugía, le dejaron arterias del tamaño de un bebé, y ahora, con 4 años, sigue viviendo con esas mismas arterias.

Pero yo sé la razón: son los milagros de Dios en la vida de mi hijo.

Moroni sigue con vida porque es un milagro; su corazón es un milagro.

También, cuando era bebé, fue diagnosticado con síndrome del intervalo QT largo, un trastorno que causa un ritmo cardíaco irregular y afecta las señales eléctricas que viajan a través del corazón.

Esto podía provocarle convulsiones y, en cualquier momento, llevarlo a la muerte. Sin embargo, se curó, algo que médicamente no tiene cura.

El corazón de mi hijo es testigo de que Dios sigue haciendo milagros. Lo más defectuoso que tiene en su cuerpo es su corazón, pero, irónicamente, lo más hermoso en él es precisamente eso: su corazón.

El año pasado escribí un cuento infantil basado en la vida de Moroni y Mahonri, titulado **"Mi hermano no habla, pero su corazón sí."** Llevé el libro para donarlo a la escuela de Moroni, y la directora lo aprobó.

Tuve la oportunidad de hablar con ella, y me preguntó:

"¿Sabes cuál es el nombre de Moroni en lenguaje de señas? Es igual al nombre de tu libro." Cabe mencionar que, en la cultura de las personas sordas, ellos escogen un nombre para ti o una seña que te identifique.

Luego añadió: **"Pensé que ya lo sabías y que por eso habías elegido ese título para tu cuento."**

Pero yo no lo sabía. Entonces me dijo: **"Te voy a enseñar la seña. Te la dibujo para que la conozcas."**

La seña consiste en hacer la letra M de Moroni con la mano derecha, luego llevar la mano al corazón y, desde allí, abrirla hacia afuera, simbolizando que su corazón está lleno de amor y lo entrega abiertamente a todos.

La directora me confirmó que no soy la única persona que puede dar testimonio de que el corazón de Moroni habla, aunque de su boca no salgan muchas palabras.

PALABRAS FINALES

1. Forma la letra "M" en lenguaje de señas americano (ASL).

2. Lleva la mano al corazón.

3. Separa lentamente la mano del corazón.

4. Abre la mano hacia afuera.

197

El corazón de Moroni fue creado de manera única: físicamente afectado por cardiopatías congénitas, pero espiritualmente dotado con un propósito divino de brindar alegría y amor a todos los que lo rodean.

¿Sabías que a el síndrome de Williams también se le conoce como el "síndrome de la felicidad"? Moroni fue creado de manera perfecta, y esa felicidad es algo que muchos de nosotros necesitamos. Por eso, fue enviado de esa manera: la sonrisa de Moroni tiene una pureza e inocencia única.

Quiero agradecerles por leer este libro y conocer mi historia. Para mí, es algo profundamente sagrado y personal. Espero que, a través de mis experiencias, puedas reconocer cómo la mano de Dios ha estado presente en tu propia vida. Dios te ama y te conoce mejor de lo que tú mismo te conoces. Él sabe todo lo que puedes lograr y, por eso, nos da experiencias necesarias para nuestro crecimiento. Muchas de estas experiencias pueden ser dolorosas, pero cuando se enfrentan con fe y confianza, se convierten en uno de los más grandes tesoros.

Recuerda que tenemos acceso a una guía especial, una dulce voz: el Espíritu Santo, que nos habla, nos enseña y hasta nos advierte. Aunque todos tenemos acceso a Él libremente, no todos nos beneficiamos de Su influencia, ya que se necesita dedicar tiempo para crear un ambiente adecuado para que more con nosotros. Evita las distracciones, porque vale la pena tener esta guía en tu vida. Seamos más humildes para reconocer cuando nos está hablando y seamos valientes para obedecer Su dirección.

Cuando escuchamos con el corazón y la mente y obedecemos, tenemos la promesa de que podremos escalar las montañas más altas y atravesar los valles más profundos. Tu propia montaña rusa se convertirá en un viaje fascinante si permites que Dios la recorra contigo.

El plan de Dios es que todos terminen este viaje con la última parada en Su hogar celestial, donde participaremos de Su gloria y felicidad sin fin, un lugar donde no habrá aflicciones, enfermedades ni dolores.

No te rindas. Sigue confiando, sigue pidiendo la ayuda del Padre. Continúa como un guerrero o guerrera peleando la lucha contra el enemigo, y saldrás vencedor en cada batalla, porque tendrás ángeles luchando a tu lado.

Tu felicidad es posible incluso en medio de las circunstancias más difíciles que enfrentamos día a día. Recuerda que Dios nos dio un regalo maravilloso: Su Hijo Jesucristo. Él vino a dar Su vida por nosotros, a pagar por nuestros pecados. Gracias a ese sacrificio, tenemos la oportunidad de intentarlo una y otra vez, de levantarnos cada vez que caemos. Su luz nos ilumina y nos muestra el camino que debemos seguir.

Jesucristo nos fortalece. Su vida fue el ejemplo perfecto que todos debemos emular. Sé que, si seguimos Sus pasos, tendremos el poder espiritual para vencer cualquier desafío. Él nos enseñó una mejor manera de vivir: una vida llena de servicio, amor, caridad y humildad. Él es el camino hacia el Padre y nos ha llamado a seguirle. Reforcemos nuestro compromiso de seguir Sus pasos cada día de nuestra vida.

Mateo 6:33
"Mas buscad primeramente el reino de Dios y su justicia, y todas estas cosas os serán añadidas."

Acércate a Dios cada día en oración, en el estudio de Su palabra y a través de libros inspirados, encuentra música que te llene el corazón, comparte tus dones, se mas agradecido, cuida de tu cuerpo sagrado y ayuda a los demás, ya que esto puede ayudarte a conocer más a Dios y a Jesucristo. Esto te puede ayudar a que tu cimiento sea como una roca inmutable e imparable.

A veces, gran parte de que Dios obre milagros depende de lo que estemos dispuestos a hacer por nosotros mismos y por aquello que deseamos. Si nos esforzamos y seguimos buscando, encontraremos las soluciones a nuestros problemas y desafíos. Quiero que recuerdes que siempre hay un medio, siempre hay una salida, y siempre habrá otra puerta por abrir.

Como nos enseña **Santiago 5:16: "La oración eficaz del justo puede mucho."**

También es importante reconocer que, en ocasiones, necesitamos la ayuda de profesionales. Recuerda que Dios ha dado dones a muchas personas para ayudarnos, incluyendo nuestra salud mental. No dudes en acudir a terapia si lo consideras necesario; eso te permitirá canalizar tus emociones y encontrar el apoyo que necesitas.

Y ese apoyo también lo podemos encontrar alrededor de nuestra familia, amigos y nuestra comunidad religiosa. He aprendido que necesitamos unirnos para adorar a Dios. Las iglesias han sido organizadas y creadas para el beneficio de todos nosotros, ya que en ellas encontramos fortaleza, apoyo y la guía de líderes y miembros que pueden ayudarnos en los momentos difíciles.

No importa a qué religión pertenezcas, adora a Dios según lo que conoces y conforme a tu fe. Adórale asistiendo a la iglesia en la que te congregas y sé un miembro activo y presente, ya que eso también te permitirá ser un apoyo para los demás.

Si no asistes a ninguna iglesia y quisieras conocer más acerca del Evangelio de Jesucristo, puedes visitar esta página, donde encontrarás un mayor propósito para tu vida: www.veniracristo.org.

¿Podrías creer que el cielo está más cerca de lo que imaginamos? Yo sí lo creo. Lo siento cada día al convivir con mi hijo Moroni. Lo veo en su sonrisa, en su mirada y lo percibo en la forma en que me toma de la mano, me abraza y me besa. En esos momentos experimento un poder, una ternura y, sobre todo, una pureza inigualable que solo puede provenir del cielo. Lo veo en la gentileza de Abby y Mahonri. Lo siento en el amor desinteresado de mi esposo al cuidar de mí.

El cielo toca nuestra vida de muchas maneras: a través de actos de servicio, de la caridad y del amor genuino que recibimos de los demás. También se manifiesta en las intervenciones divinas de ángeles, en los milagros inesperados, en las oraciones respondidas y en los pequeños susurros del Espíritu Santo que nos guían y consuelan.

El cielo se hace presente en los momentos en que sentimos paz en medio de la tormenta, en los abrazos sinceros, en la fortaleza que nos permite seguir adelante y en las bendiciones diarias que a veces pasan desapercibidas.

Dios nos permite ver destellos de Su gloria aquí en la tierra, recordándonos que nunca estamos solos y que Su amor nos envuelve constantemente.

Regresando a nuestra última cita con el cardiólogo, y debido a que no dejaba de preguntarle acerca de las arterias de Moroni, el doctor no tuvo otra opción más que informarme que, efectivamente, la arteria superior de su corazón comenzaba a mostrar signos de una pequeña reducción.

La manera de detectar cuándo una arteria se está estrechando es midiendo el flujo sanguíneo. En una persona normal, este nivel es 1, y el nivel grave, donde se requeriría una intervención, es 3. En su cita de 2024, Moroni obtuvo 1.5, y este año, 2025, obtuvo 1.8. Por lo tanto, el cardiólogo nos dijo que necesitamos seguir monitoreándolo anualmente.

Quizá nuestros desafíos nunca terminen, pero vivimos con felicidad, esperanza y ánimo. Vemos los pequeños milagros dondequiera que vamos y los percibimos día a día. Desde el momento en que se despierta, camina hasta mi habitación y sube solo a mi cama, me abraza, me besa y me sonríe.

Este último año, nuestra vida ha cambiado de maneras que no puedo describir. Moroni ha progresado más de lo que jamás imaginé.

Su cerebro ahora comprende muchas cosas que antes no podía. Aunque aún no usa palabras para expresarse, si yo digo algo, él intenta repetirlo. No siempre es claro, pero lo intenta, y eso me llena de esperanza. En la escuela me han comentado que ya cuenta del uno al cinco con señas y que reconoce los colores, algo que antes parecía imposible.

Moroni también ha avanzado físicamente: ahora puede comer casi de todo, ha comenzado a saltar en trampolines, subir escaleras y hacer marometas.

PALABRAS FINALES

Hoy lo encontré jugando con objetos y pretendiendo que eran comida. Su cerebro comienza a hacer conexiones que antes no tenía. Lleva una vida feliz, como cualquier niño.

Antes, Moroni solo gritaba de dolor, angustia y ansiedad. Hoy, sigue gritando fuerte, pero lo hace de felicidad. Sus gritos son expresiones de alegría, gozo, comunicación y travesura.

Cada pequeño avance es un milagro que me recuerda que el sufrimiento no es eterno.

Sé que un día el cuerpo de mi hijo Moroni será perfecto. Sé que su corazón no necesitará más cirugías, que sus oídos escucharán con claridad, que sus pies no tropezarán, que sus ojos verán perfectamente y que cada parte de su cuerpo tendrá la fuerza necesaria para realizar cualquier tarea.

Sé que un día me hablará y me dirá: **"Mamá, te amo y te agradezco por haber luchado conmigo."** Sé que su mente comprenderá cuánto lo amamos y valorará todo el amor, la atención y los sacrificios que hemos hecho por él.

Ese día llegará. No sé cuándo, pero estoy segura de que llegará.

Gracias, hijito Moroni, por haberme escogido como tu mamá.

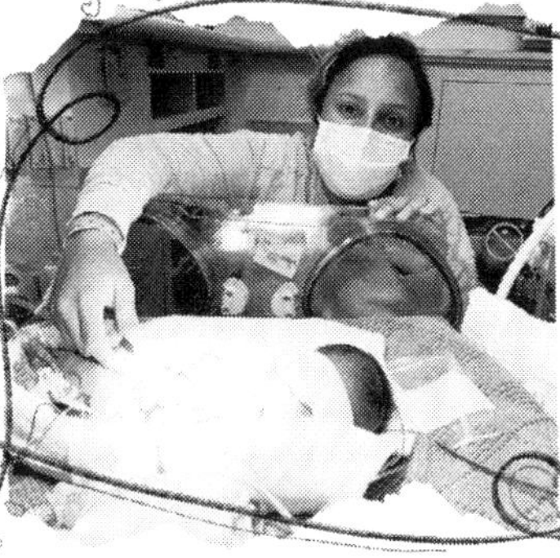
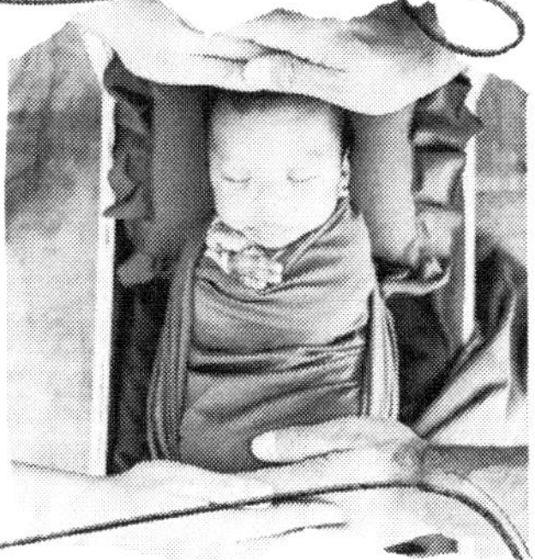
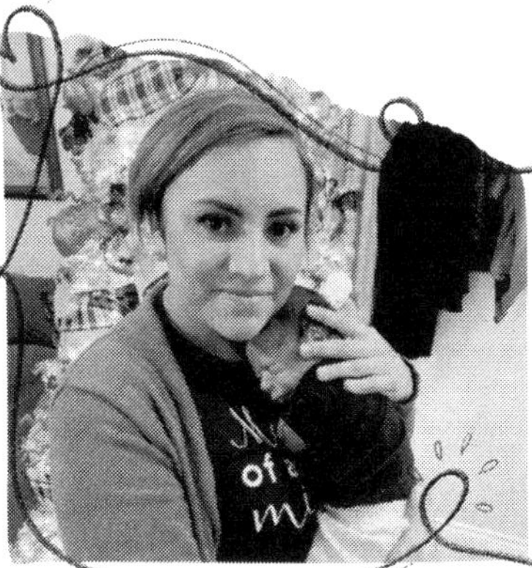
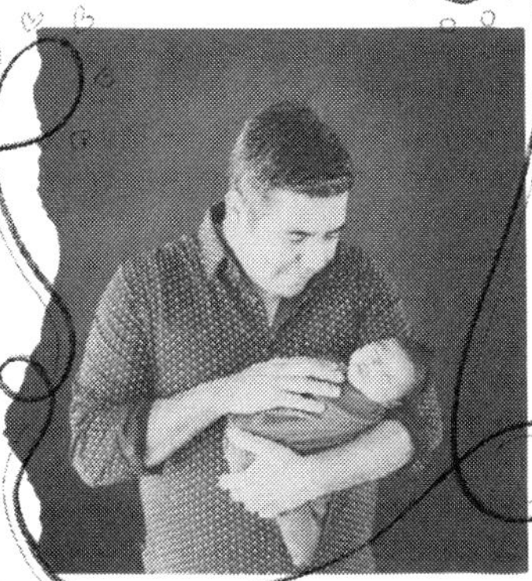
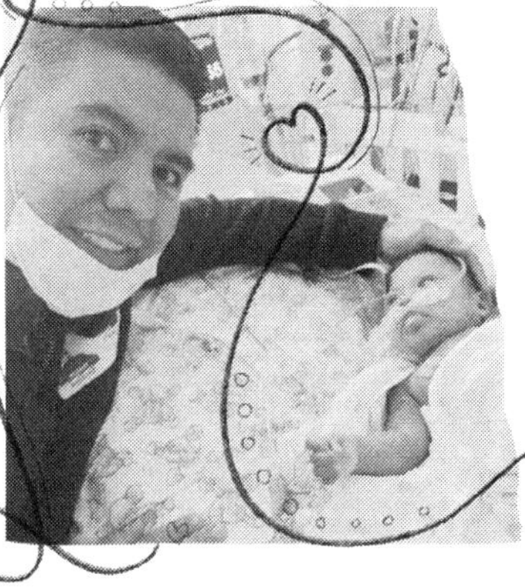
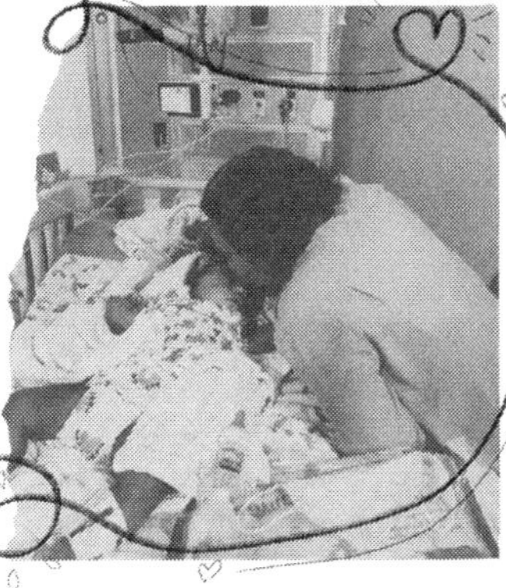

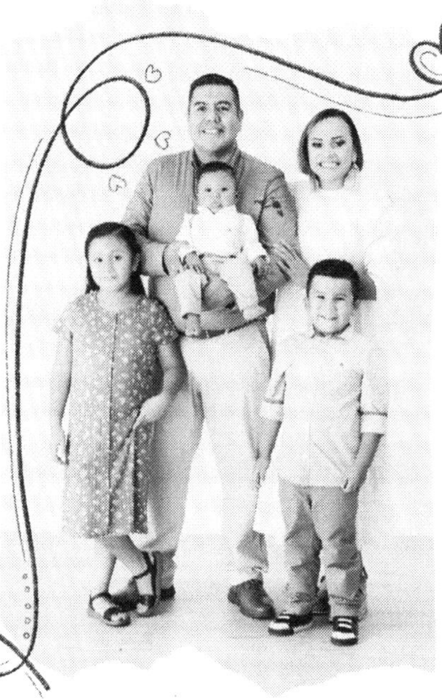

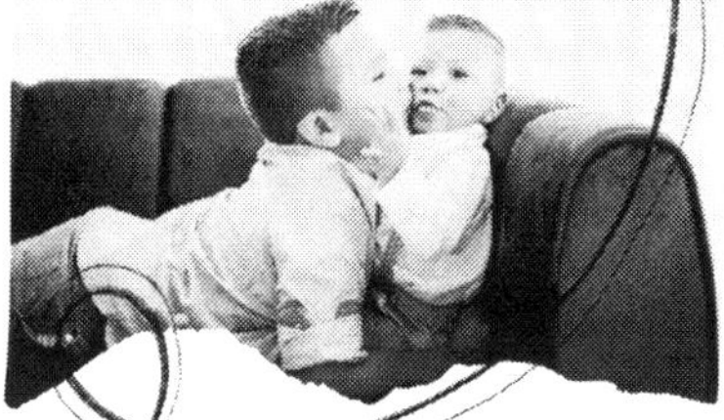

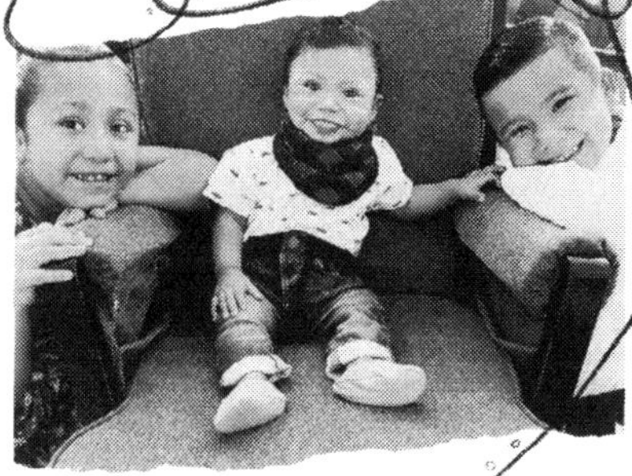

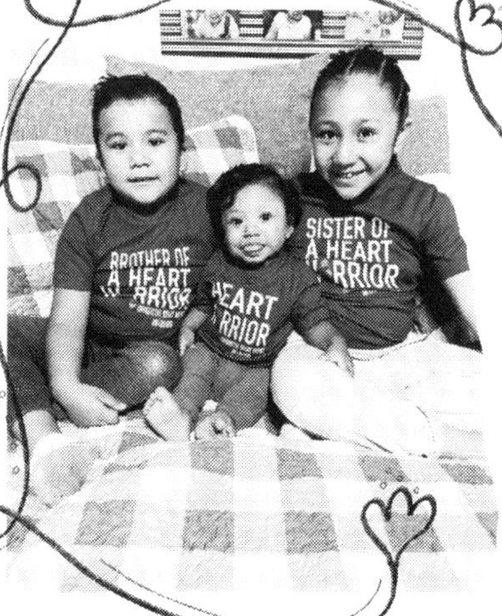

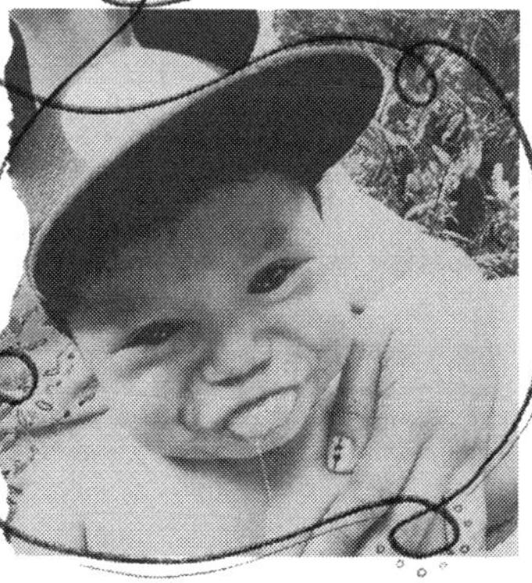

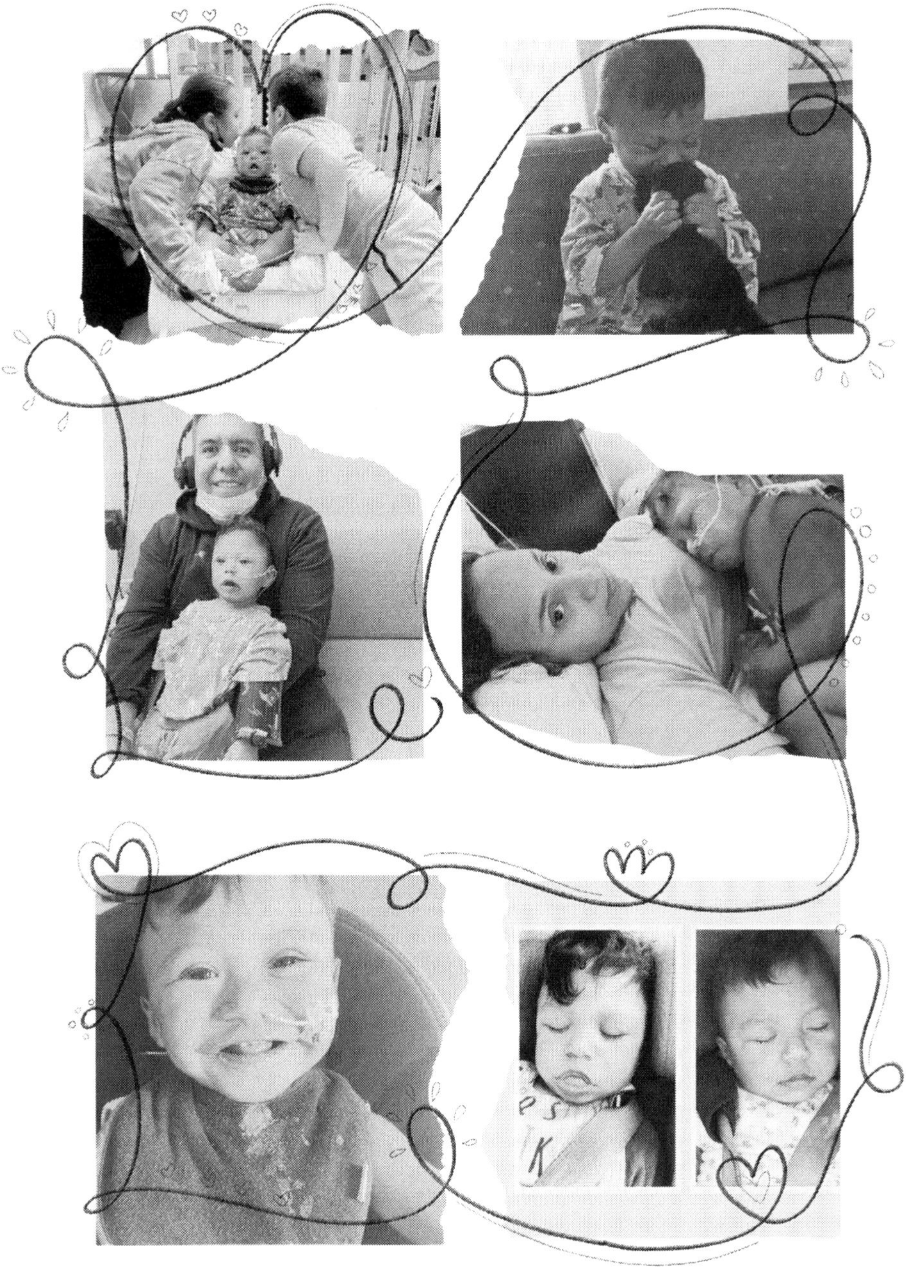

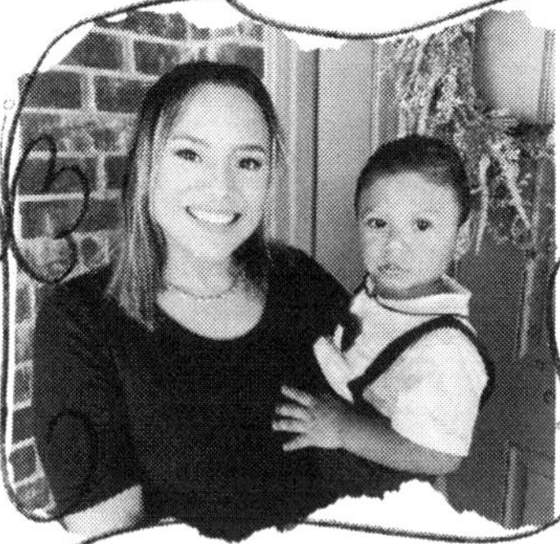
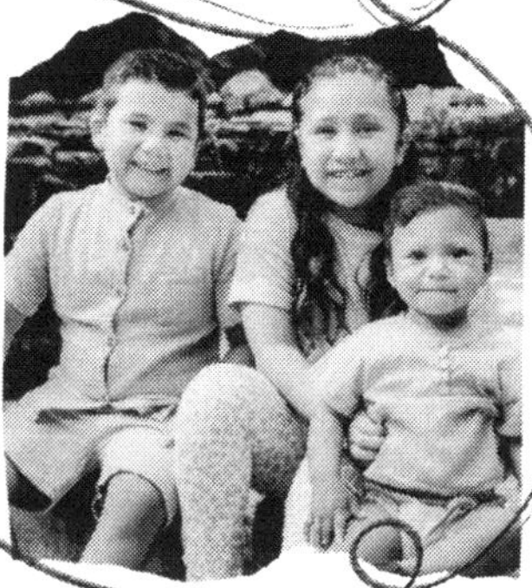
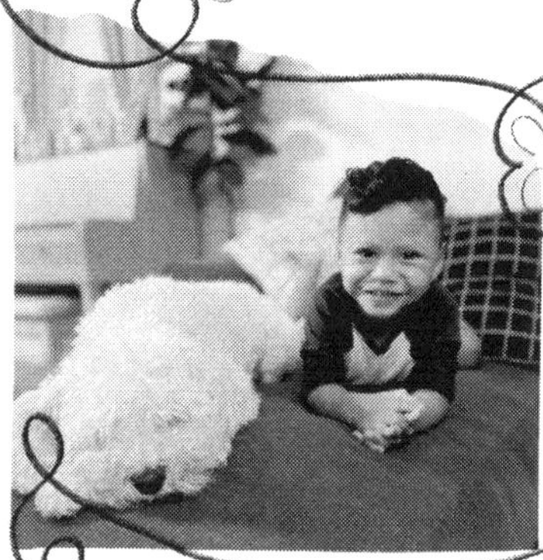
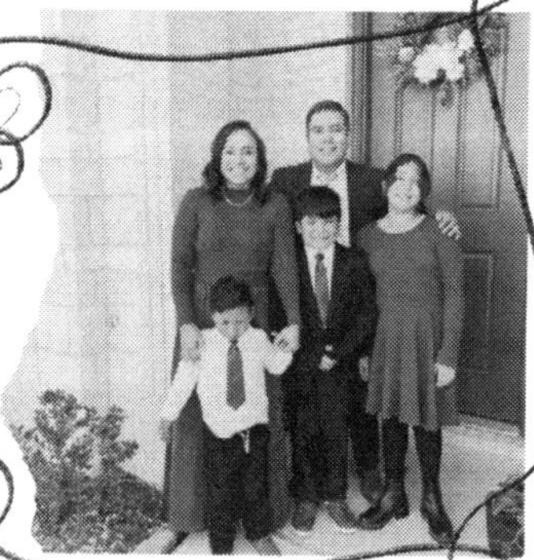
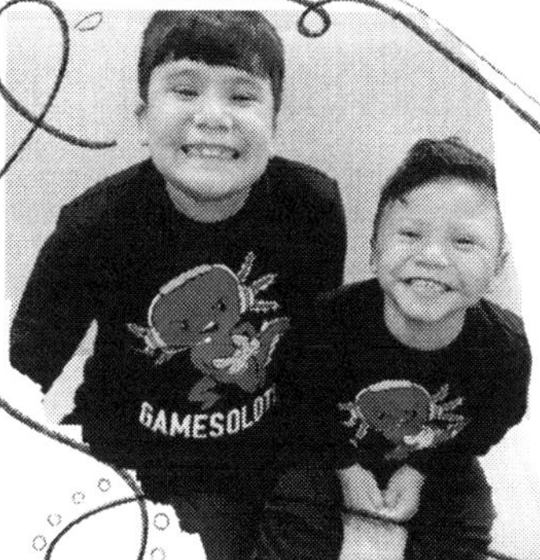
GAMESOLOT
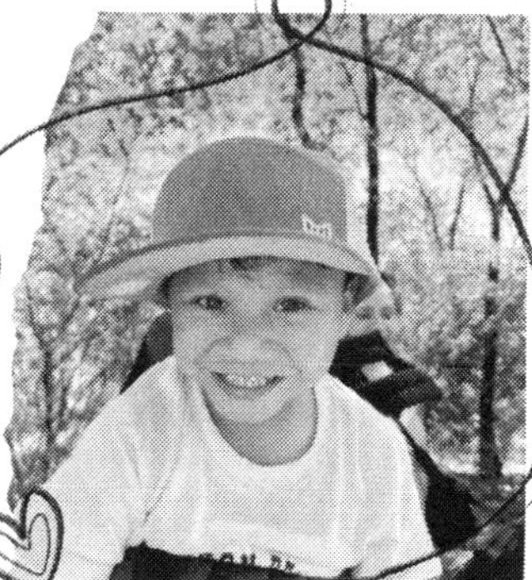

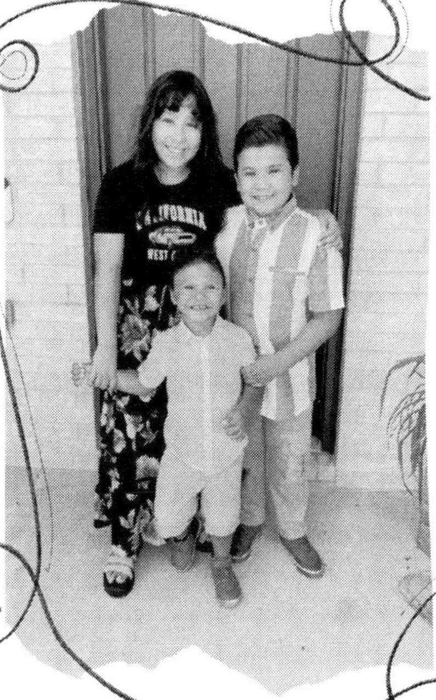
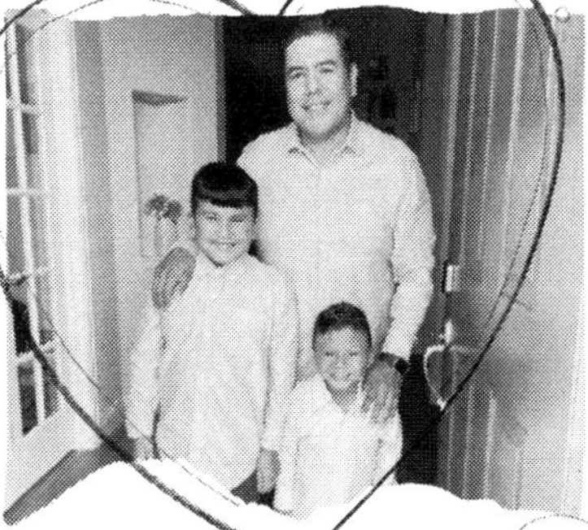
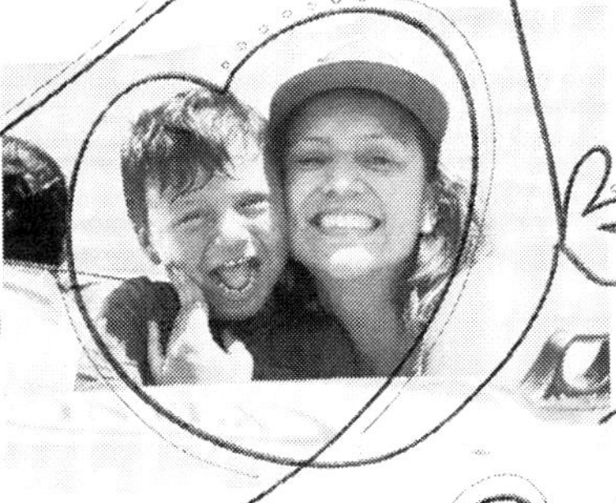
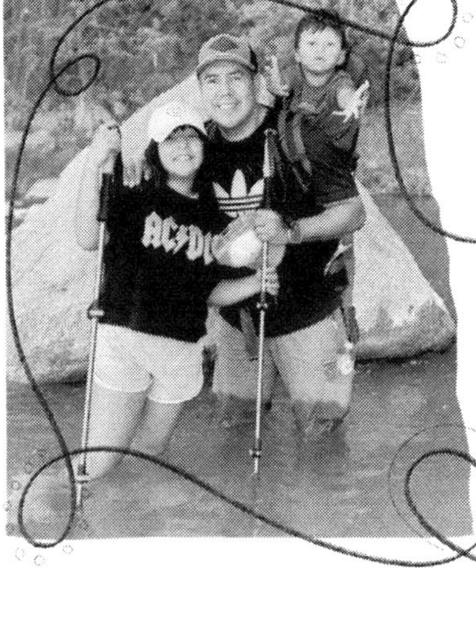
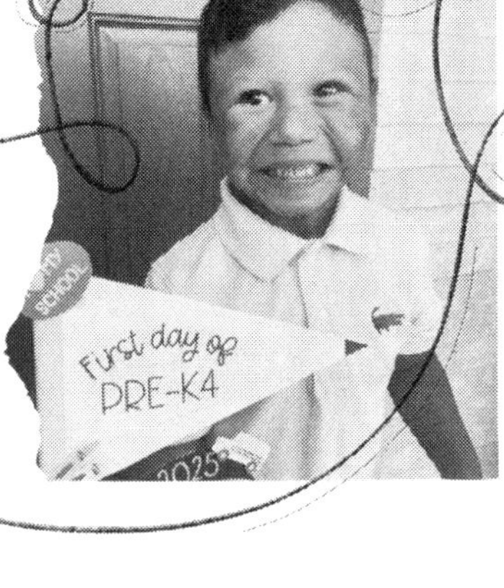
First day of
PRE-K4

Mi Tesoro

ACERCA DEL AUTOR

Soy Gabby Cornelio, una mamá de tiempo completo dedicada al bienestar emocional y físico de mis hijos, quienes enfrentan retos médicos y problemas de aprendizaje. Mi rol como madre implica estar siempre en movimiento, asegurándome de que reciban el apoyo necesario a través de terapias, citas con especialistas y procedimientos médicos, así como ayudarlos a obtener las adecuaciones necesarias en la escuela. A lo largo de este camino, sin experiencia previa, he aprendido, crecido y encontrado nuevas formas de apoyarlos para que superen sus dificultades.

Por esta razón, me encanta compartir mi vida a través de las redes sociales, brindando apoyo y esperanza a otros padres que enfrentan desafíos similares. Compartir mis vivencias con un hijo con discapacidad me ha permitido promover la inclusión y el amor.

Mi interés por aprender e investigar sobre temas de salud me llevó a descubrir que la alimentación es clave para nuestro bienestar. Por eso, también me apasiona la cocina saludable y disfruto crear recetas nutritivas, keto, bajas en carbohidratos y sin gluten, para que otros también puedan beneficiarse de ellas.

Soy originaria de México y a los 21 años me mudé a Estados Unidos. Aprender un nuevo idioma fue un reto, pero con perseverancia y práctica comencé a sentirme más cómoda y segura hablando en inglés. También obtuve un título asociado en Diseño Web. Actualmente, estudio para obtener una licenciatura en Salud Aplicada en la Universidad de Brigham Young-Idaho, con el propósito de adquirir un conocimiento más sólido en el área de la salud.

Me apasiona aprender y desarrollar nuevas habilidades. En lugar de enfocarme en una sola cosa, siempre me reto a mí misma, explorando diversas áreas y adquiriendo nuevos conocimientos. Soy artista e ilustradora, y he dado vida a mi propio cuento infantil, inspirado en mis hijos y en la importancia de la comunicación para mejorar la interacción con niños no verbales. También disfruto pintar arte botánico, hacer retratos y practicar caligrafía en mi tiempo libre.

Me gusta hacer todo por mí misma: reparar muebles, transformar espacios, diseñar proyectos de todo tipo… Siempre encuentro la manera de hacer realidad mis ideas. Mi creatividad no tiene límites, y mi determinación ha hecho que muchas personas que me conocen me digan que soy una 4x4 "todo terreno".

Me fascina ir al gimnasio todas las mañanas junto a mi esposo. Nos apasiona el ejercicio de alta intensidad: burpees, sentadillas, dominadas, saltos de caja y entrenamientos con barra. También aprovechamos los fines de semana en casa porque, como dirían mis hijos, es movie night, que en español significa "noche de películas". Nos encanta estar juntos viendo películas en familia.

Soy muy activa en la iglesia donde asisto, La Iglesia de Jesucristo de los Santos de los Últimos Días. Disfruto servir en los llamamientos en los que se me invita a participar. Actualmente, trabajo con los niños, enseñándoles el Evangelio a través de la música. Aprecio mucho la oportunidad de testificarles de Dios y de Jesucristo, y mis hijos aman tener a mamá en la clase.

Tengo un amor profundo por las personas, y por ello decidí escribir este libro con la esperanza de animar a otros a no darse por vencidos. Actualmente, trabajo en varios proyectos, incluyendo la publicación de nuevos libros y cuentos inspiradores que buscan seguir impactando la vida de muchas familias.

Contacto de Gabby:
Pagina Web: https://gabbycornelio.com/
Redes Sociales: @gabbycornelio

OTROS LIBROS DE LA AUTORA

¡Mi hermano no habla, pero su corazón sí!

¡Mi hermano no habla, pero su corazón sí! es una conmovedora historia sobre el vínculo único entre Maho y Momo, dos hermanos que aprenden a comunicarse sin palabras. Momo, de cuatro años, tiene una condición especial que le impide hablar, pero a través de gestos, sonrisas y abrazos, expresa más de lo que las palabras podrían decir.

Su hermano mayor, Maho, enfrenta desafíos al tratar de entenderlo, pero con paciencia y amor descubre que el corazón puede comunicarse mejor que las palabras. Juntos, demuestran que el amor entre hermanos puede superar cualquier barrera.

Más que una historia, ¡Mi hermano no habla, pero su corazón sí! es una guía inspiradora que nos recuerda que el amor siempre encuentra una manera de expresarse.

Para más información sobre la autora y sus obras, visita www.gabbycornelio.com/books

Made in the USA
Las Vegas, NV
21 March 2025

91ec0be2-8561-4457-a7ce-f3788c6a74e1R01